Maíra Rosa Carnevalle
Bacharel e licenciada em Ciências Biológicas pela
Universidade Federal de São Carlos (UFSCar)
Autora de livros didáticos

Ligados.com Ciências – 4º ano (Ensino Fundamental – Anos iniciais)
© Maíra Rosa Carnevalle, 2015

Direitos desta edição:
Saraiva S.A. – Livreiros Editores, São Paulo, 2015
Todos os direitos reservados

Dados Internacionais de Catalogação na Publicação (CIP)
(Câmara Brasileira do Livro, SP, Brasil)

Carnevalle, Maíra Rosa
 Ligados.com : ciências, 4º ano / Maíra Rosa
Carnevalle. – 1. ed. – São Paulo : Saraiva, 2015.

 Suplementado pelo manual do professor.
 Bibliografia
 ISBN 978-85-02-63005-5 (aluno)
 ISBN 978-85-02-63001-7 (professor)

 1. Ciências (Ensino fundamental) I. Título.

15-02530   CDD-372.35

Índices para catálogo sistemático:
1. Ciências: Ensino fundamental   372.35

Gerente editorial	M. Esther Nejm
Editor responsável	Luciana Leopoldino
Editor	Luciana Nicoleti, Sílvia Cunha
Assessor técnico-pedagógico	Roberta Bueno
Coordenador de revisão	Camila Christi Gazzani
Revisores	Ana Marson, Eduardo Sigrist, Maria da Graça Rêgo Barros
Coordenador de iconografia	Cristina Akisino
Pesquisa iconográfica	Ana Szcypula, Enio Rodrigo Lopes, Fernanda Siwiec, Roberto Silva
Gerente de artes	Ricardo Borges
Coordenador de artes	Aderson Oliveira
Design	Homem de Melo & Troia Design
Capa	Luis Vassalo com imagem de Kay Widdowson/Advocate Art
Diagramação	Benedito Reis, Edilson Pauliuk, Elis Regina, Josiane Batista de Oliveira, Lisandro Paim Cardoso, Simone Zupardo
Ilustrações	Biry Sarkis, Carlos Bourdiel, Daniel Klein, Conceitograf, Giz de cera, João Anselmo, Kanton, Luis Moura, Marcio Luiz de Castro, Osni de Oliveira, Paulo Cesar Pereira, R2 Editorial
Cartografia	Sonia Vaz
Produtor gráfico	Thais Mendes Petruci Galvão
076669.001.002 **Impressão e acabamento**	Corprint Gráfica e Editora Ltda.

O material de publicidade e propaganda reproduzido nesta obra está sendo utilizado apenas para fins didáticos, não representando qualquer tipo de recomendação de produtos ou empresas por parte do(s) autor(es) e da editora.

Nos livros desta coleção são sugeridos vários experimentos. Foram selecionados experimentos seguros, que não oferecem riscos ao aluno. Ainda assim, recomendamos que professores, pais ou responsáveis acompanhem sua realização atentamente.

Editora Saraiva
SAC 0800-0117875
De 2ª a 6ª, das 8h30 às 19h30
www.editorasaraiva.com.br/contato

Rua Henrique Schaumann, 270 – Cerqueira César – São Paulo/SP – 05413-909

Conheça o seu livro

Unidade

Seu livro tem oito unidades. As páginas de abertura introduzem o trabalho que será desenvolvido em cada unidade. Nelas, você é convidado a observar os elementos da imagem e relacioná-los com seus conhecimentos sobre o tema ou com seu dia a dia.

Cada unidade apresenta assuntos que exploram e desenvolvem os conteúdos e conceitos estudados e é composta de seções nas quais você realiza atividades variadas, escritas e orais, individuais, em dupla ou em grupo.

A maioria das fotografias de seres vivos é acompanhada da informação de seu tamanho médio (altura ou comprimento).

Muitos temas começam com questões para que você tenha oportunidade de pensar sobre o assunto que será tratado e trocar ideias com seus colegas a respeito dele.

Gente que faz!

Nesta seção você tem propostas de atividades práticas que permitirão trabalhar com temas da unidade e conhecer um pouco como a ciência funciona.

Seção especial

Ao longo do livro você encontra seções especiais nas quais são apresentados textos complementares e curiosos sobre os conteúdos estudados.

Glossário

Algumas expressões ou termos considerados mais complexos são explicados próximo do texto correspondente.

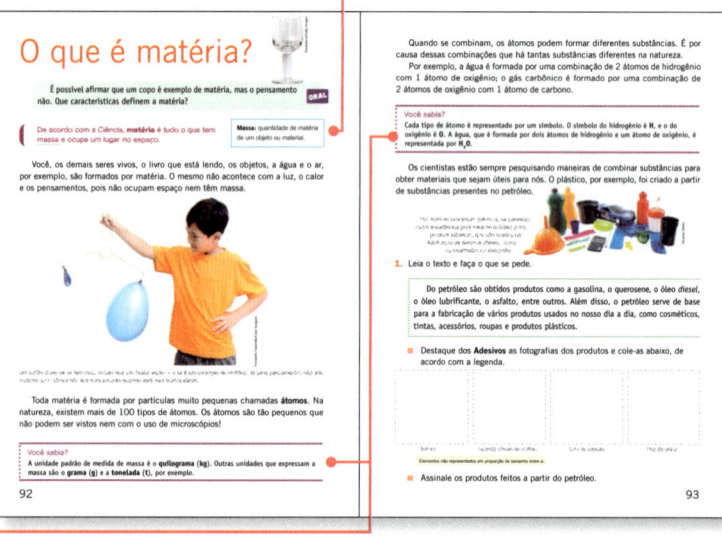

Você sabia?

Neste boxe você encontra curiosidades sobre conteúdos da ciência.

Atividades

As atividades vão ajudar você a retomar e ampliar os principais assuntos estudados na unidade.

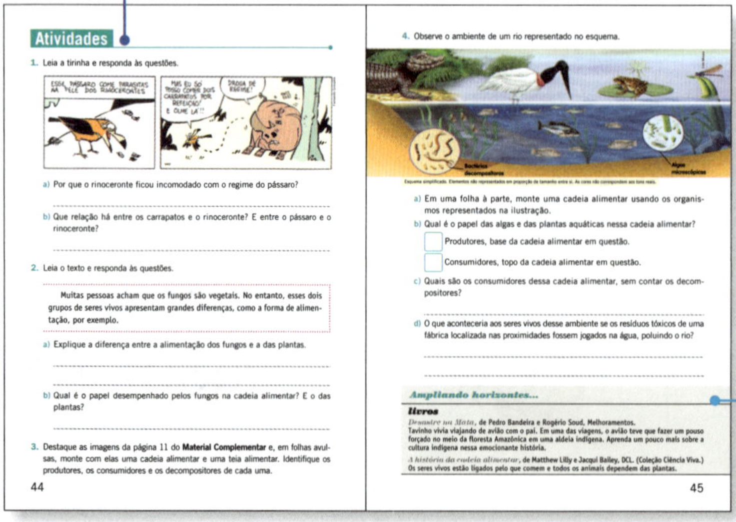

Ampliando horizontes…

Cada unidade apresenta sugestões de livros, revistas, filmes, músicas ou *sites* que permitem enriquecer ou ampliar os assuntos abordados.

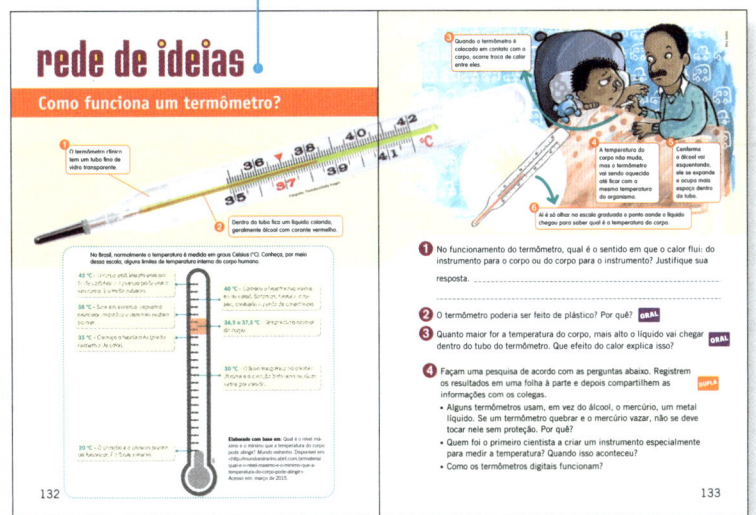

Rede de ideias

Esta seção retoma conceitos trabalhados na unidade e os desenvolve em conexão com outras áreas do saber.

Qual é a pegada?

Nesta seção você vai perceber que atitudes no dia a dia podem ajudar a preservar o lugar onde vivemos e construir um futuro melhor. Você também vai refletir sobre valores e atitudes que contribuem para sua formação como cidadão.

Material Complementar e Adesivos

O livro traz um encarte com imagens, esquemas e tabelas para serem destacadas e utilizadas em algumas atividades.

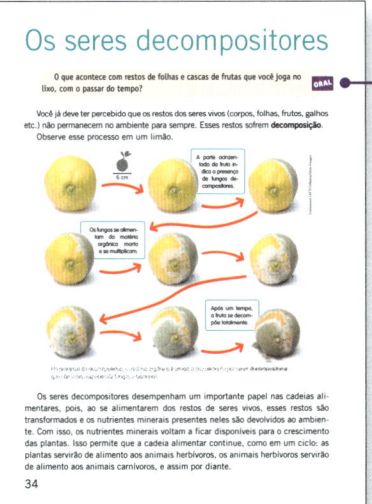

Significados dos ícones

Ao longo do livro, você vai ser convidado a realizar várias atividades. Em algumas delas, fique atento às orientações dadas por estes ícones:

Sumário

UNIDADE 1
As plantas 8

- As plantas se alimentam.. 10
- A fotossíntese... 12
- **Gente que faz!** – Germinação das sementes de feijão........ 16
- Reprodução dos vegetais.. 18
- **Gente que faz!** – Os frutos de uma mesma planta são todos iguais?..... 23
- **Atividades** 24
- **Rede de ideias** – De onde veio o que você come?............ 26

UNIDADE 2
Os seres vivos se relacionam 28

- A cadeia alimentar.. 30
- Os seres decompositores.. 34
- **Gente que faz!** – O fermento e a decomposição 36
- Outras relações ecológicas... 38
- **Seção especial** – A sociedade dos cupins 42
- **Atividades**... 44
- **Rede de ideias** – A lenda da gralha-azul......................... 46
- **Qual é a pegada?** – Equilíbrio.. 48

UNIDADE 3
A digestão e a respiração 50

- Os alimentos 52
- A digestão e o sistema digestório................................... 54
- As funções do sistema digestório................................... 56
- **Gente que faz!** – Atividade 1: A mastigação................... 58
- **Gente que faz!** – Atividade 2: A digestão dos lipídios..... 59
- A respiração e o sistema respiratório............................. 60
- **Seção especial** – Simulando a respiração...................... 63
- As trocas gasosas 64
- **Atividades**... 66
- **Rede de ideias** – A gordura *trans* 68
- **Qual é a pegada?** – Preservação 70

UNIDADE 4
A circulação e a excreção 72

- O sistema cardiovascular 74
- O coração e a circulação do sangue............................... 76
- **Gente que faz!** – Medindo a frequência cardíaca........... 78
- O sistema urinário 80
- Organização e funcionamento do corpo humano............ 82
- **Seção especial** – A desidratação.................................... 84
- **Atividades** 86
- **Rede de ideias** – Doação de órgãos e tecidos 88

Ilustrações: Biry Sarkis

UNIDADE 5
A matéria e suas transformações 90

O que é matéria? 92
Gente que faz! – Massa e volume 94
Flutua ou afunda? 96
Gente que faz! – Flutua ou afunda na água? 97
A matéria sofre transformações 98
Os seres vivos e as transformações químicas 102
Gente que faz! – Maçãs desidratadas 106
Atividades 108
Rede de ideias – O pão de cada dia 110

UNIDADE 6
Calor e luz 112

Energia 114
Calor 116
Gente que faz! – Atividade 1: A chave e o cadeado 118
Gente que faz! – Atividade 2: Como encher um balão sem assoprá-lo 119
Condutores e isolantes térmicos 120
Gente que faz! – Teste da capacidade isolante de diferentes materiais 122
Seção especial – Como funciona uma garrafa térmica? 123
Luz 124
Gente que faz! – Testando o trajeto da luz 126
A luz e as cores 128
Gente que faz! – Enxergando as cores da luz 129
Atividades 130
Rede de ideias – Como funciona um termômetro? 132
Qual é a pegada? – Economia 134

UNIDADE 7
O solo e o ar 136

Solo 138
Gente que faz! – Conhecendo diferentes tipos de solo 139
Ar 142
Seção especial – Aquecimento global 146
Atividades 148
Rede de ideias – E se a temperatura subir? 150
Qual é a pegada? – Lixo espacial 152

UNIDADE 8
Biomas brasileiros 154

Biomas do Brasil 156
Amazônia 158
Cerrado 160
Mata Atlântica 162
Caatinga 164
Pantanal 166
Pampa 168
Atividades 170
Rede de ideias – Arte e ambiente 174
Material Complementar e Adesivos

UNIDADE 1

As plantas

Plantação de girassóis. O cultivo de girassol é muito antigo. Dessa planta o ser humano produz óleos, chás, xampus e outros itens.

Converse com os colegas e responda às questões.

1. Vocês já viram um girassol? Na opinião de vocês, por que a planta tem esse nome?

2. Que outras plantas vocês conhecem? Citem alguns exemplos.

3. O que vocês acham que a abelha está fazendo perto do girassol?

As plantas se alimentam

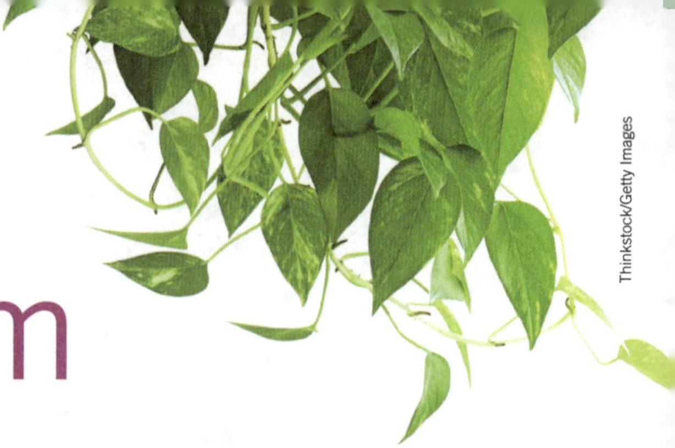

Thinkstock/Getty Images

Todos os seres vivos precisam de alimentos para crescer e se desenvolver.

- Como será que as plantas se alimentam?
- De onde vem o alimento das plantas?

ORAL

Como todos os seres vivos, as plantas precisam se alimentar para crescer e se desenvolver. Os nutrientes dos alimentos e o gás oxigênio são necessários para a produção da energia de que os seres vivos precisam para manter o organismo funcionando e realizar suas atividades.

1. Para saber se as plantas se alimentam da terra, um aluno plantou uma muda em um vaso. Antes de plantá-la, porém, pesou a muda e a terra, separadamente. Após alguns meses, ele retirou a planta do vaso com cuidado para não derramar a terra e tornou a pesar planta e terra, separadamente. Ele queria comprovar que a massa da planta estaria maior, enquanto a da terra teria diminuído.

- Veja o que aconteceu e responda ao que se pede no caderno.

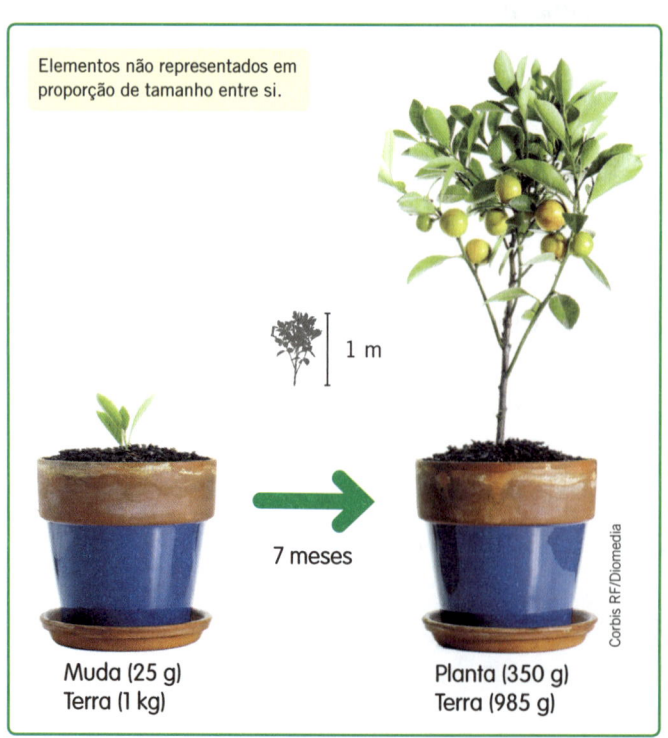

Elementos não representados em proporção de tamanho entre si.

1 m
7 meses
Muda (25 g)
Terra (1 kg)
Planta (350 g)
Terra (985 g)

Corbis RF/Diomedia

a) A massa da planta aumentou ou diminuiu? Quanto?

b) A massa da terra aumentou ou diminuiu? Quanto?

c) De onde a planta obteve matéria para crescer e produzir folhas e frutos? Será que foi da terra, como o aluno queria comprovar?

d) Como você explica a diminuição da massa da terra e o aumento da massa da planta? ORAL

No procedimento que o estudante realizou, a quantidade de terra no vaso pouco se alterou. Podemos **concluir**, então, que a maior parte dos elementos que a planta utilizou para crescer não veio da terra do vaso.

Além disso, nem todas as plantas precisam de terra para viver. Algumas plantas crescem sobre pedras, em troncos de árvores ou na água.

As raízes deste aguapé ficam boiando dentro da água, enquanto suas folhas e flores recebem a luz do Sol.

Já as raízes desta orquídea se fixam no tronco de uma árvore.

Este musgo cresceu sobre uma pedra. O musgo tem estruturas parecidas com pequenas raízes, chamadas rizoides, que ajudam na fixação da planta na superfície onde ela cresce.

2. Observando as três fotografias e considerando o que você aprendeu até agora, responda.

ORAL

  a) Do que as plantas precisam para viver?
  b) Do que elas se alimentam?

A fotossíntese

- Você já viu uma planta carnívora?
- Por que algumas plantas são chamadas de "carnívoras"?

ORAL

Os animais se alimentam de outros seres vivos. Já as plantas são capazes de produzir o próprio alimento por um processo chamado **fotossíntese**. Após muitos anos de pesquisa, os cientistas descobriram que, no processo de fotossíntese, os vegetais utilizam luz, água e gás carbônico para produzir o próprio alimento: uma substância chamada **glicose**.

Você sabia?
Foto significa luz e *síntese* significa produção, construção.
Assim, **fotossíntese** é a produção de alimentos na presença de luz.

Embora os vegetais não se alimentem diretamente do solo, eles precisam dos **nutrientes minerais**, presentes no ambiente onde vivem. Esses nutrientes são absorvidos com a água por meio das raízes.

Os adubos são usados para acrescentar nutrientes minerais ao solo e, assim, ajudar no desenvolvimento das plantas. Na fotografia, agricultor aduba plantação de hortaliças em Maringá, no estado do Paraná, 2013.

Você sabia?
As plantas carnívoras vivem em solos onde não há muitos nutrientes. Elas precisam de nutrientes de outra fonte: a animal. Assim, capturam pequenos animais, que morrem e são digeridos por elas, fornecendo os nutrientes que faltam no solo.

A mosca foi atraída pelas folhas desta dioneia. Embora precisem complementar os nutrientes capturando pequenos animais, as plantas carnívoras também fazem fotossíntese, como todo vegetal.

1. Leia o texto, observe a fotografia e responda às questões.

Os agricultores geralmente cultivam verduras no solo, mas muitos vegetais também podem ser cultivados na **água** enriquecida com nutrientes minerais fornecidos por fertilizantes. Esse tipo de cultivo chama-se **hidroponia**.

Verduras cultivadas pela técnica de hidroponia. As raízes absorvem os minerais dissolvidos na água.

a) Na hidroponia, a planta depende do solo para viver? E da luz do Sol? Explique.

_____

_____

b) Em sua opinião, a planta sobreviveria sem água? Por quê?

_____

_____

2. Observe estas mudas de árvores, plantadas em lugares com diferentes condições. Assinale a que não se desenvolverá. Explique.

A

As cores não correspondem aos tons reais.

B

13

Como ocorre a fotossíntese?

A fotossíntese acontece principalmente nas folhas do vegetal. Para que o processo de fotossíntese ocorra, a planta necessita de água, gás carbônico e luz solar. A luz é absorvida por meio da **clorofila**, um pigmento verde, presente principalmente nas folhas.

Pigmento: substância que dá cor.

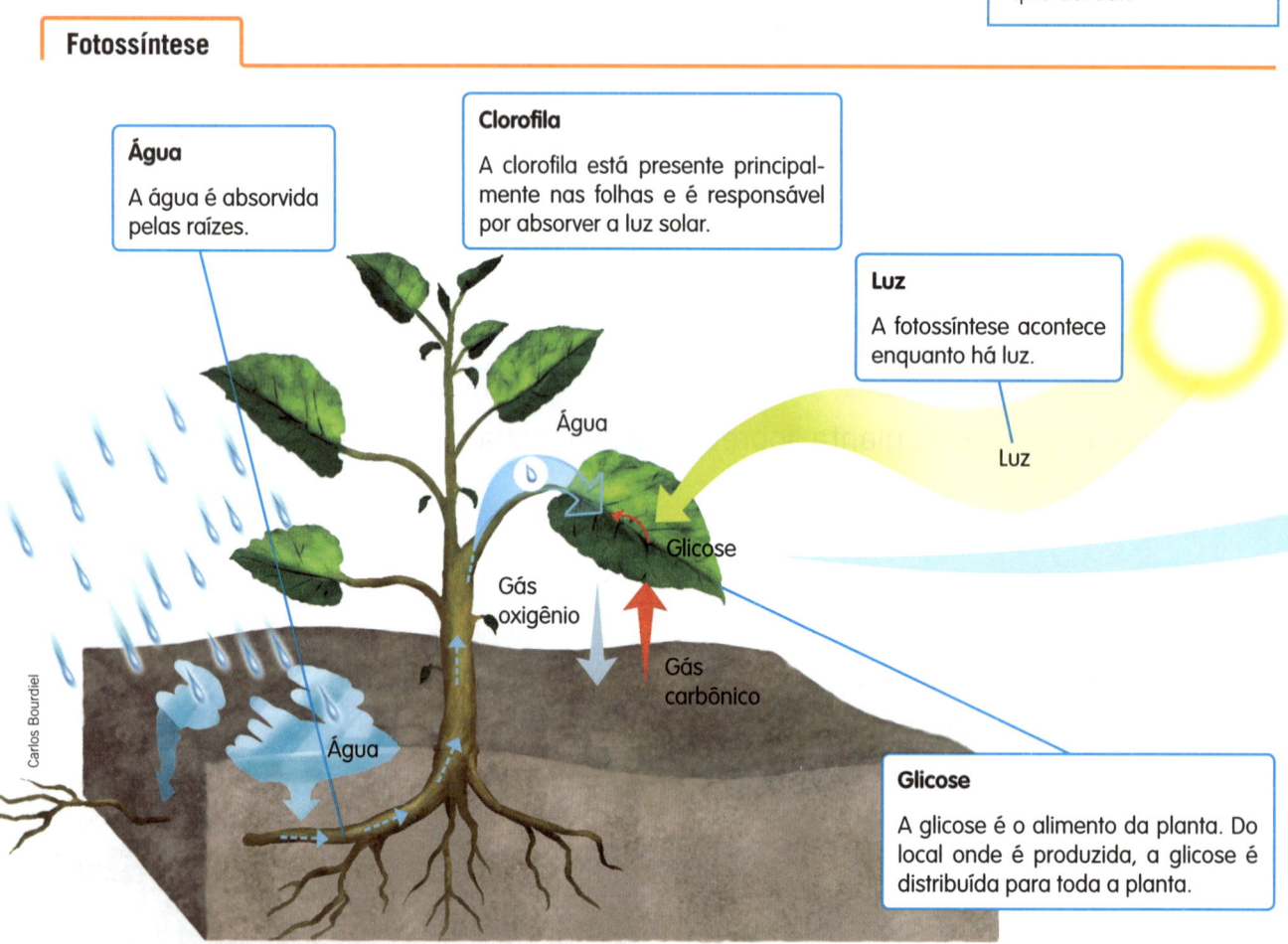

Na fotossíntese, as plantas usam água e gás carbônico para produzir glicose e gás oxigênio na presença de luz.

Esquema simplificado. Elementos não representados em proporção de tamanhos entre si. As cores não correspondem aos tons reais.

No interior do corpo da maioria das plantas há vasos condutores, que são estruturas semelhantes a tubos. Por esses vasos circulam diferentes substâncias, como a glicose, que é distribuída do local onde é produzida para todas as partes da planta, e a água, que vai das raízes até as folhas.

A importância da fotossíntese

O gás carbônico do ar, a água e certos nutrientes minerais são usados pelas plantas na fotossíntese. Ao se alimentarem de plantas, outros seres vivos aproveitam as substâncias produzidas pelo vegetal. Além disso, durante a fotossíntese, as plantas produzem gás oxigênio. Esse gás é utilizado pela maioria dos seres vivos – inclusive pelos próprios vegetais – na respiração. O gás carbônico e o gás oxigênio entram e saem do corpo da planta por meio de aberturas microscópicas, chamadas **estômatos**.

Na parte inferior das folhas existem os **estômatos**, por onde entram e saem o gás carbônico e o gás oxigênio.

1. Leia o texto e faça o que se pede.

> Muitas plantas produzem mais alimento do que precisam e podem transformar a glicose extra em substâncias que são acumuladas em algumas partes do seu corpo. A mandioca e a batata-doce, por exemplo, transformam o excesso de glicose em amido, que é acumulado nas raízes.

a) Cite outra planta que também armazena o excesso de alimento em alguma parte do corpo. Informe o nome dessa parte do corpo do vegetal.

b) Pesquise em livros ou na internet se, tal como as plantas, os mamíferos também fazem algum tipo de armazenamento de alimento em seus corpos. Escreva um texto no caderno com as informações encontradas.

Você sabia?

Além das plantas, outros seres vivos fazem fotossíntese. Muitas algas também têm clorofila e produzem o próprio alimento. As algas marinhas são responsáveis pela produção da maior parte do gás oxigênio do planeta.

15

Gente que faz!

Germinação das sementes de feijão

Vimos que as plantas precisam de luz para o seu desenvolvimento. Porém, muitas sementes germinam debaixo da terra, no escuro. Você já parou para pensar como isso é possível? Será que a água influencia na germinação das sementes? Registre suas **hipóteses** no caderno.

Atividade 1: Germinação das sementes DUPLA

Materiais

- 3 etiquetas adesivas
- 3 potes de margarina vazios
- 15 feijões inteiros
- Água
- Lápis ou caneta
- Terra de jardim (o suficiente para preencher pouco mais da metade dos 3 potes)

Procedimentos

1. Coloquem um pouco de terra dentro dos potes de margarina.
2. Em um dos potes, colem uma etiqueta onde deve estar escrito "**A** – claro"; no outro pote, "**B** – escuro"; e, no terceiro pote, "**C** – sem água". Escrevam os nomes da dupla em todas as etiquetas.

Feijão germinando.

3. Em cada pote, cubram cinco sementes de feijão com um pouco de terra.
4. O pote **A** deve ser regado e colocado próximo a uma janela. O pote **B** deve ser regado e deixado em um ambiente escuro (dentro de um armário, por exemplo). O pote **C** deve ser deixado próximo ao pote **A**, porém não deve receber água.
5. Reguem os feijões dos potes **A** e **B** sempre que a terra estiver seca (uma vez a cada 2 dias será suficiente). Cuidado para não encharcar a terra.
6. Observem os potes todos os dias até que as sementes germinem.

1 Qual foi o **resultado** do experimento? As sementes germinaram no:

☐ pote **A** (claro). ☐ pote **B** (escuro). ☐ pote **C** (sem água).

2 Podemos **concluir** que as sementes de feijão dependem da luz para germinar? Explique.

---

3 Podemos **concluir** que as sementes de feijão dependem da água para germinar? Por quê?

16

Atividade 2: Crescimento das plantas

Materiais

- 4 etiquetas adesivas
- 4 potes com brotos de feijão (mais de um broto por pote; podem ser aproveitados da atividade anterior)
- Adubo líquido para jardim (o professor fornecerá já preparado)
- Água
- Lápis ou caneta

Procedimentos

1. Numerem as etiquetas adesivas de **1** a **4** e escrevam os nomes da dupla. Depois, colem nos potes com os brotos de feijão.
2. O pote **1** deverá ser deixado em local iluminado e regado periodicamente (1 vez a cada 2 dias é suficiente). Cuidado para não encharcar a terra.
3. O pote **2** deverá ser deixado em local escuro (como dentro de um armário) e regado periodicamente.
4. O pote **3** deverá ser deixado em local iluminado e regado com a água enriquecida com adubo.
5. O pote **4** deverá ser deixado em local iluminado e não deverá ser regado.
6. Observem as plantinhas por duas semanas.

Depois de germinar, em condições adequadas, a planta continua se desenvolvendo. Repare como esta planta cresceu em relação à etapa de germinação (fotografia da página ao lado).

1 Como ficaram as plantas nos potes de **1** a **4**? Destaque a ficha da página 15 do **Material Complementar** e anote nela os resultados.

2 Qual é a **hipótese** de vocês sobre o que poderá acontecer com as plantas do pote **2** se permanecerem no escuro? Por quê?

_____

_____

3 Por que as plantas do pote **4**, mesmo deixadas em local iluminado, não se desenvolveram?

4 De acordo com os **resultados** desse experimento, o que é essencial para o desenvolvimento das plantas de feijão?

Reprodução dos vegetais

> As plantas têm filhotes como os animais? Explique. **ORAL**

A maioria das plantas produz flores. Algumas plantas têm flores coloridas e chamativas, enquanto outras são pequenas e quase da mesma cor das folhas.

As flores do maracujazeiro são coloridas e exalam perfume que atrai polinizadores.

As flores do trigo são pequenas e discretas.

As flores são estruturas relacionadas à **reprodução** da maioria das plantas, processo em que os frutos e as sementes são formados. As sementes, ao germinar, dão origem a uma nova planta.

Há plantas que apresentam a parte masculina e a parte feminina na mesma flor. Em outras plantas é diferente: elas têm parte masculina e parte feminina em flores separadas. Assim, podemos dizer que essas plantas têm flores masculinas e flores femininas.

A aboboreira apresenta flores masculinas e femininas na mesma planta.

A parte masculina e a parte feminina produzem **células reprodutivas (gametas)**. Na parte masculina formam-se os **grãos de pólen**, que contêm as células reprodutivas masculinas. A parte feminina fica no centro da flor e contém os **óvulos**. No interior do óvulo forma-se a célula reprodutiva feminina.

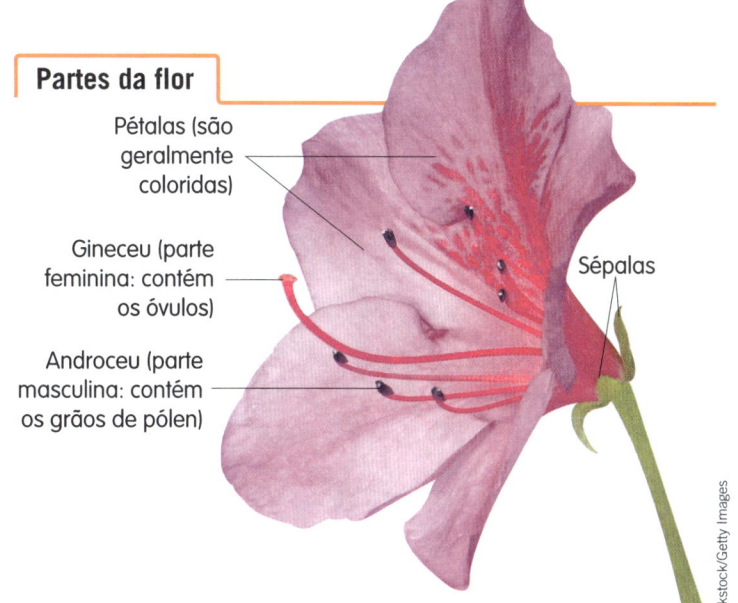

Partes da flor
- Pétalas (são geralmente coloridas)
- Gineceu (parte feminina: contém os óvulos)
- Androceu (parte masculina: contém os grãos de pólen)
- Sépalas

Como são formados o fruto e a semente?

É a partir das flores que o fruto e as sementes se formam. O primeiro evento para a formação de um novo fruto é a **polinização** – o transporte dos grãos de pólen do androceu (parte masculina) até o gineceu (parte feminina) das flores.

Como os grãos de pólen não se movimentam sozinhos, eles são levados até o gineceu. Esse transporte pode ser feito de diversas maneiras, dependendo do tipo de planta.

Em muitos casos são os animais que fazem o transporte do pólen. Insetos, como abelhas e borboletas, ou animais maiores, como beija-flores e certos morcegos, visitam as flores em busca de néctar. Em outros casos, o transporte é feito pela água ou pelo vento.

Néctar: líquido açucarado produzido por algumas flores para atrair animais polinizadores.

Durante a busca por néctar, um pouco de pólen pode grudar no corpo dos animais. Ao visitarem outras flores, os animais (como a abelha da fotografia) deixam esse pólen cair sobre a parte feminina das flores.

Há flores, como as da grama (fotografia), que produzem uma grande quantidade de grãos de pólen. Nesses casos, o transporte, geralmente, é feito pelo vento ou pela água da chuva.

Formação do fruto e da semente da goiabeira

1 Polinização
O primeiro passo é a polinização: o transporte dos grãos de pólen da parte masculina até a parte feminina das flores.

A maioria das flores polinizadas por animais possuem cores e/ou perfumes marcantes.

2 Fecundação
Depois da polinização, ocorre a fecundação. A **fecundação** é o encontro de uma célula reprodutiva masculina (que é formada dentro do grão de pólen) com uma célula reprodutiva feminina (que é formada dentro do óvulo).

3 Formação do fruto
Após a fecundação, a flor começa a murchar, as pétalas caem e a parte feminina passa a crescer até se transformar no fruto. Nesse processo, os óvulos fecundados dão origem às sementes.

4

Frutos maduros

Quando os frutos terminam de se desenvolver, ficam maduros e podem servir de alimento aos seres humanos e a outros animais.

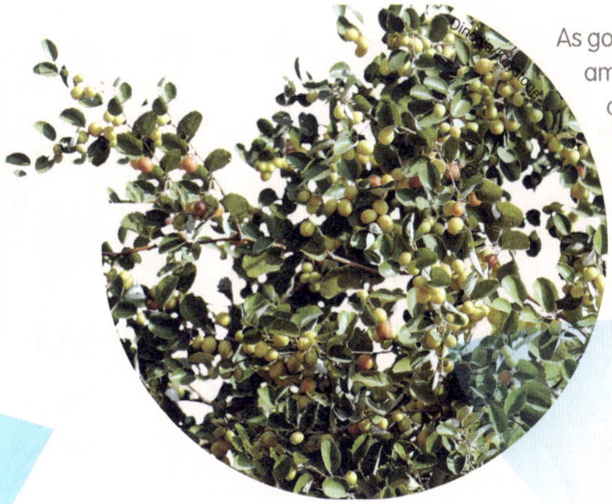

As goiabas, quando maduras, têm a casca amarelada. Muitos pássaros apreciam o fruto maduro e, ao se alimentar dele, eliminam algumas sementes em suas fezes. Outros frutos maduros, se não forem colhidos nem servirem de alimento para animais, caem do pé após algum tempo.

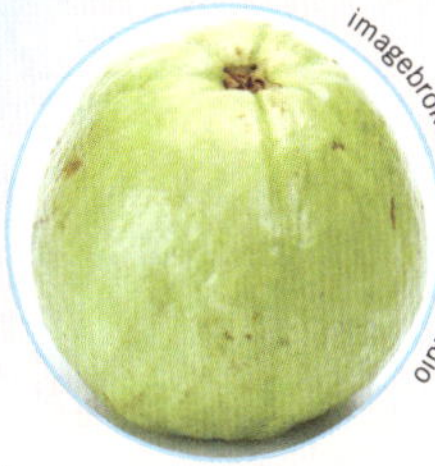

imagebroker RF/Creativ Studio

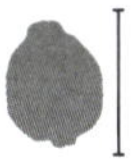

8 cm

5

Fruto com sementes

Dentro dos frutos ficam as sementes.

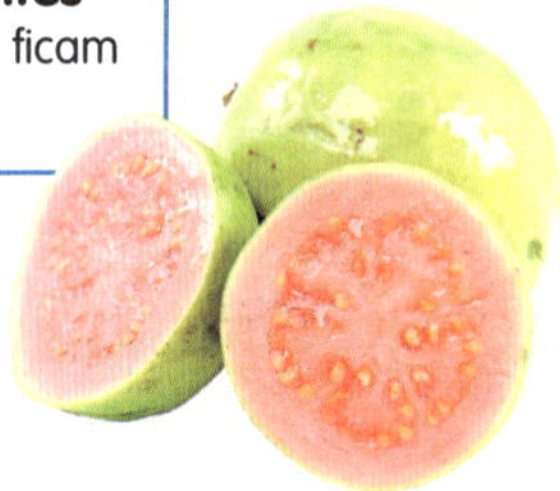

Thinkstock/Getty Images

6

Germinação

Se a semente cair em solo adequado, pode germinar e dar origem a um novo exemplar da mesma espécie.

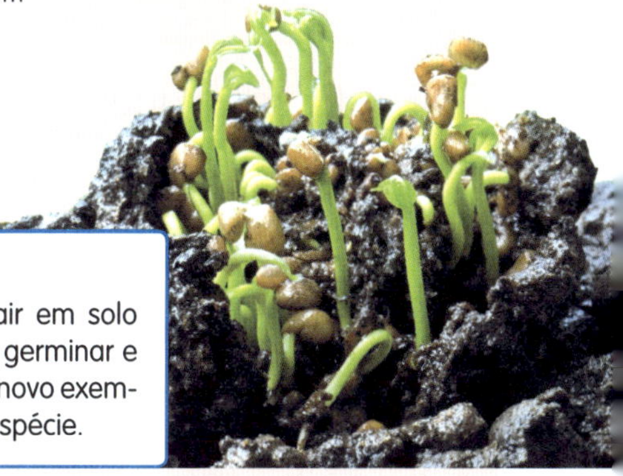

FLPA/Parameswaran Pillai Karunakaran/Diomedia

Esquema simplificado. Elementos não representados em proporção de tamanhos entre si.

1. No caderno, relacione as fotografias a seguir com a formação do fruto de romã.

Fotografias: Thinkstock/Getty Images

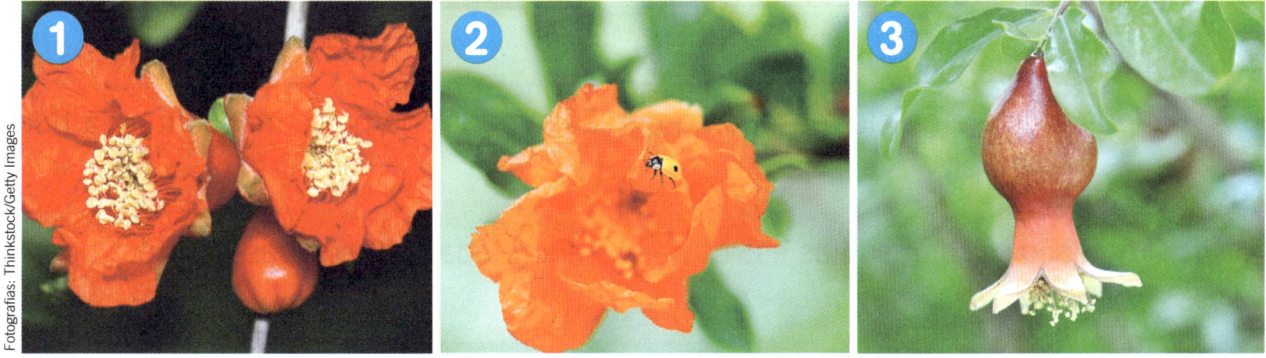

2. Uma garota, ao abrir uma fruta para comer, viu que havia 4 sementes. É possível dizer quantos óvulos deram origem a essas sementes? Explique.

ORAL

3. Vamos conhecer as partes de uma flor em uma atividade prática. Para isso, você vai precisar de flores de hibisco, uma lupa, uma folha de papel sulfite e um pincel.

Elementos não representados em proporção de tamanho entre si.

Parte feminina da flor de hibisco, parcialmente cortada.

- Observe, identifique e separe as partes da flor (sépalas, pétalas, androceu e gineceu, tal como mostrado na imagem).
- Passe o pincel sobre a porção superior do androceu. Depois, coloque o "pozinho" que ficou no pincel sobre a folha de papel sulfite. Observe o pó amarelo com a lupa.
- O professor partirá o gineceu ao meio. Observe o seu interior com a lupa.

a) Como você conseguiu diferenciar as pétalas das sépalas?

_____

b) O hibisco apresenta a parte feminina e a parte masculina na mesma flor ou em flores separadas? _____

c) O que é o pó amarelo retirado da porção superior da parte masculina da flor de hibisco? _____

d) O que são as minúsculas estruturas arredondadas observadas dentro da parte feminina da flor? _____

e) As células reprodutivas são formadas dentro de certos elementos da flor. Que elementos são esses? _____

_____

Gente que faz!

Os frutos de uma mesma planta são todos iguais?

Responda à pergunta acima no caderno. Depois, faça a atividade prática a seguir para avaliar se sua hipótese inicial estava correta.

Materiais
- 5 amendoins com casca
- 5 vagens de ervilha
- Lápis
- Régua

Procedimentos

1. Junte as vagens com as do seu colega, totalizando 10 frutos de cada tipo.
2. Destaquem a tabela da página 13 do **Material Complementar** e anotem nela os dados obtidos.
3. Com a régua, meçam o comprimento de uma das vagens de ervilha. Abram-na ao longo de seu comprimento e contem o número de sementes. Façam o mesmo com as outras 9 vagens. Anotem os dados na tabela.
4. Repitam todos os procedimentos, mas, desta vez, com os amendoins.

1 Analisem os **resultados** e respondam.

a) Qual foi o menor comprimento observado para as vagens de ervilha? E o maior? _____

b) Qual foi o menor número de sementes encontrado em uma mesma vagem? E o maior? _____

c) Quantas sementes foram observadas nas 10 vagens? _____

d) Qual foi o menor comprimento observado para os amendoins? E o maior? _____

e) Qual foi o menor número de sementes encontrado em um mesmo amendoim? E o maior? _____

2 A que **conclusão** vocês chegaram: os frutos de uma mesma planta são todos iguais? Que diferenças pode haver entre eles?

Atividades

1. Observe o esquema da fotossíntese e responda às questões. **ORAL**

Esquema simplificado. Elementos não representados em proporção de tamanho entre si. As cores não correspondem aos tons reais.

a) Quais substâncias são consumidas e produzidas nesse processo?

b) Qual é o elemento representado pela seta amarela?

c) Qual é a substância usada como alimento pela planta, mas que não foi representada no esquema?

d) Qual é o nome do pigmento presente principalmente nas folhas e que capta a luz solar, ajudando no processo de fotossíntese?

2. Observe o procedimento feito por um aluno. Depois, responda às questões.

Esquema simplificado.

a) O que aconteceu com as estruturas brancas da margarida após algum tempo?

b) Como isso aconteceu?

3. Observe os esquemas a seguir e assinale as alternativas corretas.

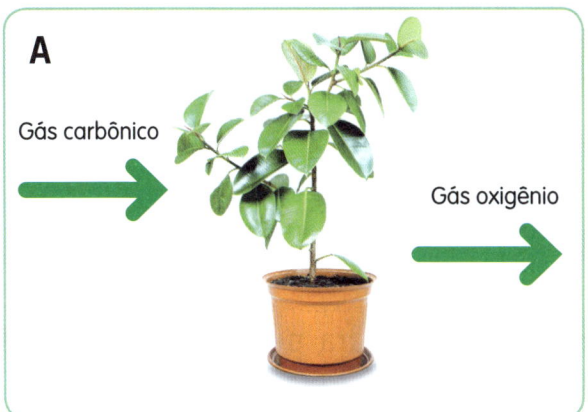
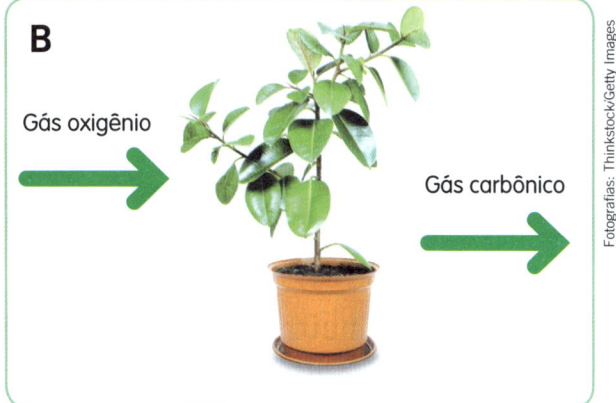

a) Qual situação representa, de forma simplificada, o processo de respiração?

☐ Situação **A**.   ☐ Situação **B**.

b) Qual situação representa, de forma simplificada, o processo de fotossíntese?

☐ Situação **A**.   ☐ Situação **B**.

c) Qual situação ocorre tanto de dia como de noite?

☐ Situação **A**.   ☐ Situação **B**.

4. Dentro do pote representado ao lado há uma lagarta se alimentando de folhas.

As cores não correspondem aos tons reais.

a) Se o pote ficar tampado durante uma semana, algum dos seres vivos morrerá? Explique.

b) Se o pote não fosse transparente, a sua resposta ao item **a** seria diferente?

Ampliando horizontes...

livros

O reino das plantas: uma viagem pelo mundo da botânica, de Ricardo Pirozzi, Ibep Nacional.
Tião, um jovem comerciante, conhece dois pesquisadores da flora brasileira e aprende muito sobre flores e frutos.

Florinha e a fotossíntese, de Samuel Murgel Branco, Moderna.
Um dia, ao regar o jardim da sua casa, Florinha teve uma grande surpresa ao ouvir uma pequena folha dizer que sentia cócegas com aquele banho refrescante. Durante a conversa, a menina fica sabendo tudo sobre a maneira como as plantas obtêm alimento e sobre a importância das plantas para os seres vivos.

rede de ideias

De onde veio o que você come?

Você come muitos vegetais diferentes. Já parou para pensar que eles podem ter origem muito distante?

1 Observe o mapa com a origem de alguns alimentos e faça o que se pede.

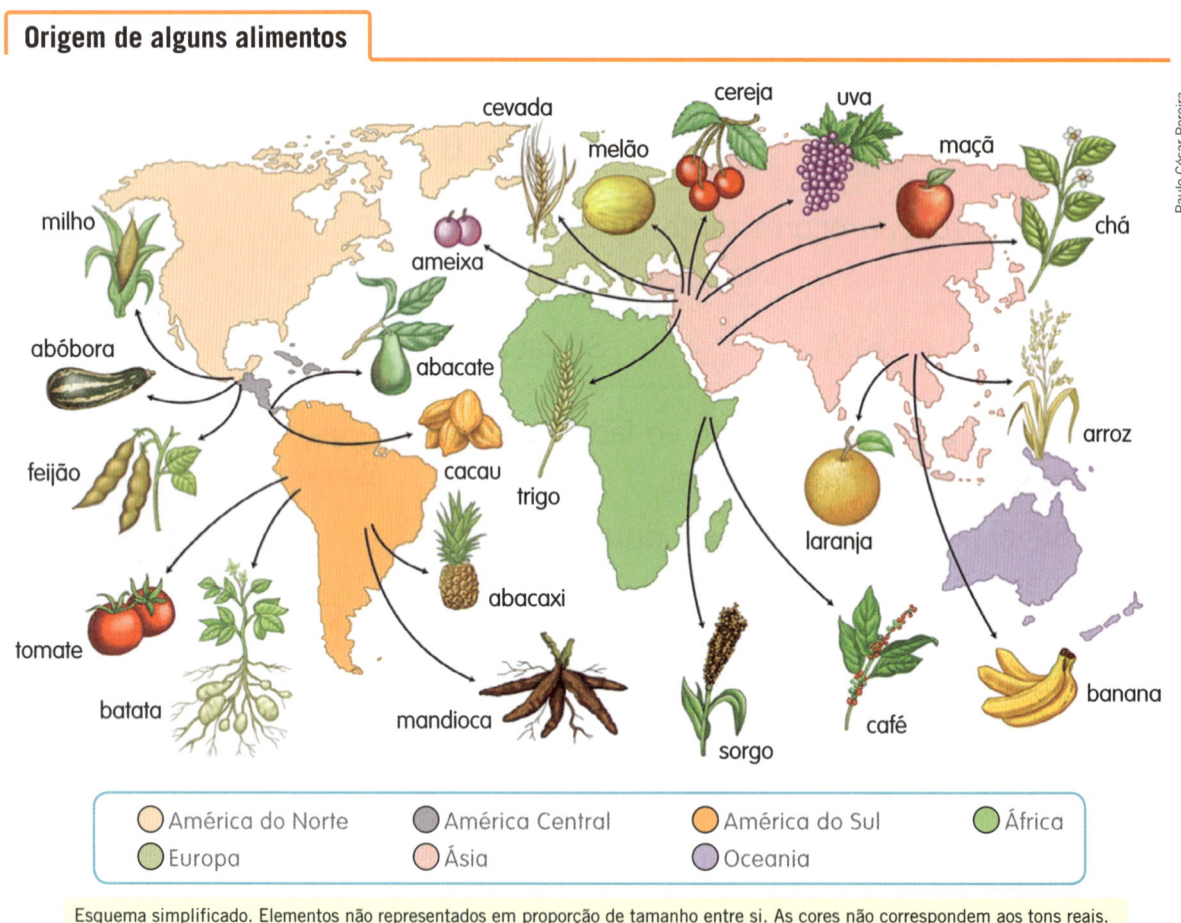

Origem de alguns alimentos

Esquema simplificado. Elementos não representados em proporção de tamanho entre si. As cores não correspondem aos tons reais.

Fonte: Rosicler Martins Rodrigues. *Vida e alimento*. São Paulo: Moderna, 1994.

- Em uma folha à parte liste os alimentos representados no mapa que você comeu durante a última semana e anote o nome do continente de origem de cada um deles. Depois, compartilhe com os colegas o que produziu.

26

2 Com exceção do abacaxi e da mandioca, como os demais alimentos representados no mapa chegaram ao cultivo no Brasil?

_____

_____

3 Observe as figuras e leia o texto.

De certas espécies vegetais, é possível obter uma nova planta cortando um ramo da planta já adulta.

Depois de um tempo, esse ramo produzirá raízes e folhas, dando origem a uma planta inteira, que será um clone daquela inicial.

Esquema simplificado. Elementos não representados em proporção de tamanho entre si. As cores não correspondem aos tons reais.

Ao plantar o ramo da planta, estamos fazendo um **clone**. Os clones são como cópias: a nova planta terá características iguais às da planta adulta da qual o ramo foi retirado, como a cor das flores e a forma das folhas.

■ Assinale a explicação mais adequada ao que você acabou de ler.

☐ Nem todo vegetal que produz flores se reproduz somente por meio delas. Também é possível obter novas plantas (clones) por meio do plantio de partes do vegetal.

☐ Os vegetais que produzem flores só se reproduzem por meio dessas estruturas. Se não ocorrerem a polinização e a fecundação das flores, não haverá formação de novas plantas.

4 Faça uma pesquisa sobre a utilidade dos clones vegetais para os seres humanos. Registre resumidamente os resultados em uma folha à parte e leia-os para a classe.

UNIDADE 2

Os seres vivos se relacionam

Converse com os colegas e responda às questões.

1. Que animais vocês observam nas cenas?

2. Vocês acham que um animal está prejudicando o outro? Expliquem.

3. Citem exemplos de animais que precisam caçar para comer.

A cadeia alimentar

> Pense em um animal qualquer. Explique o que você sabe sobre ele:
> - Como ele se alimenta?
> - Ele vive em grupo ou sozinho?
> - Como ele se abriga?
> - Como ele ataca ou se defende de ameaças?
>
> **ORAL**

Os alimentos fornecem, além de elementos para o crescimento, a energia necessária para que o organismo dos seres vivos realize todas as suas atividades, além de elementos para o seu crescimento. Para obter a energia de que precisam, os seres vivos se relacionam uns com os outros e com o ambiente onde vivem. As relações de alimentação entre os seres vivos formam as chamadas **cadeias alimentares**.

A cadeia alimentar é formada por uma sequência de seres vivos em que um serve de alimento a outro, ou seja, os seres da cadeia alimentar mantêm **relações de alimentação**. Para representar essas relações, costuma-se utilizar setas, que significam "é alimento para".

Exemplo de cadeia alimentar

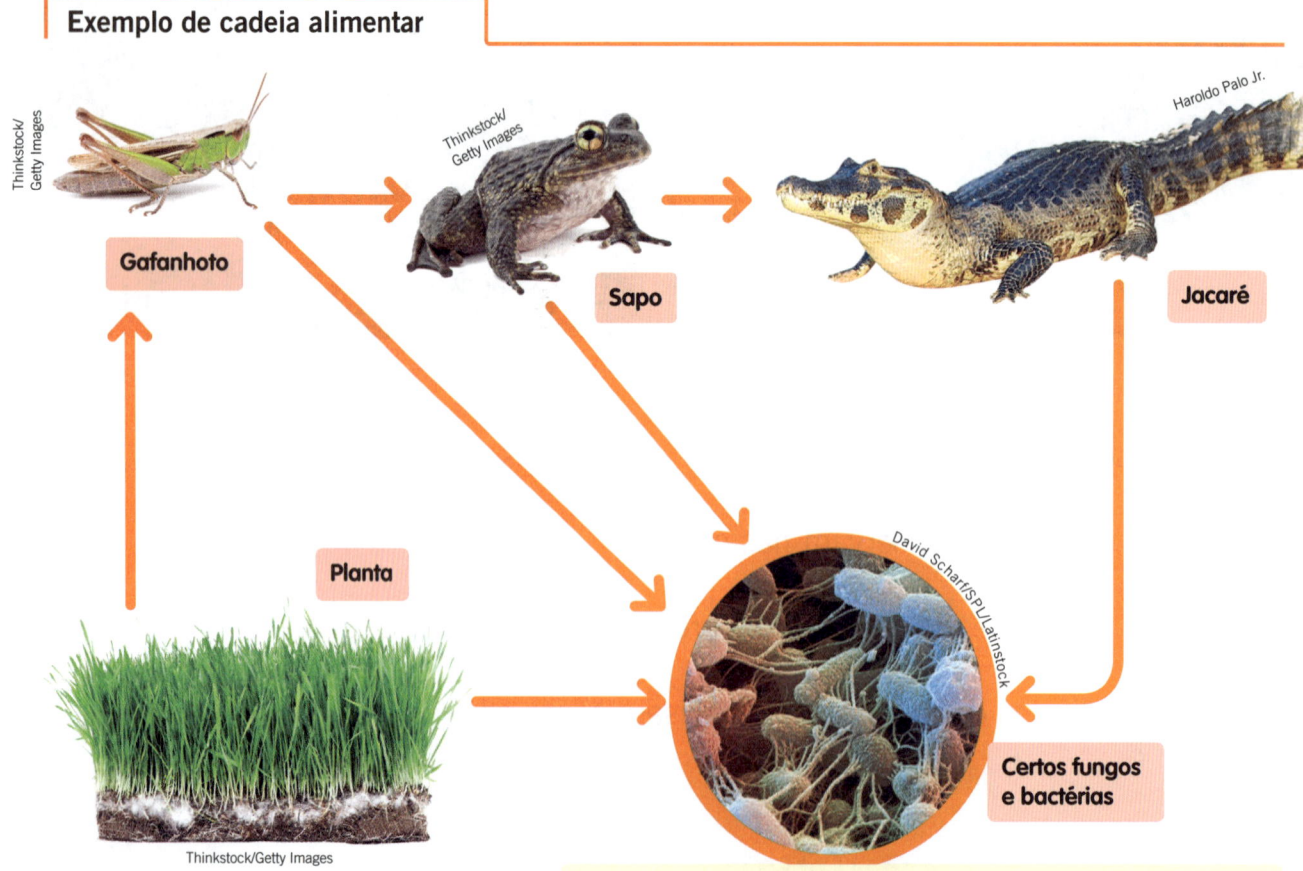

Esquema simplificado. Elementos não representados em proporção de tamanho entre si.

30

No exemplo da página ao lado, a planta é alimento para o gafanhoto; o gafanhoto é alimento para o sapo; o sapo é alimento para o jacaré; e todos eles (a planta, o gafanhoto, o sapo e o jacaré), depois de mortos (e seus excrementos, no caso dos animais), servem de alimento para os seres decompositores (fungos e bactérias).

Esse exemplo de cadeia alimentar também pode ser representado assim:

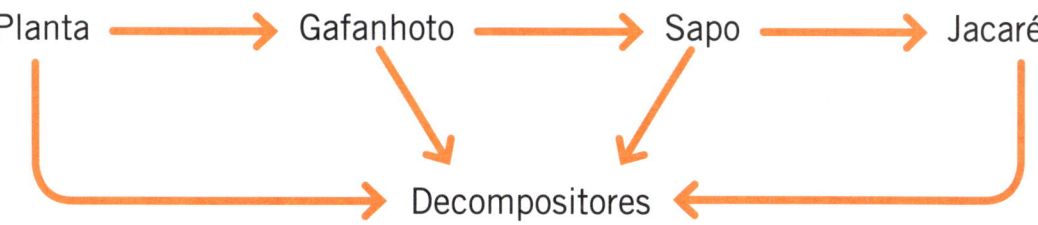

Nas cadeias alimentares, os seres vivos desempenham papéis distintos e são classificados em **produtores**, **consumidores** ou **decompositores**.

Os vegetais e demais seres vivos que fazem fotossíntese são chamados **produtores**, pois produzem o próprio alimento. As cadeias alimentares começam sempre com os seres produtores.

Os animais são **consumidores**, uma vez que obtêm alimento ao consumir outros organismos.

Os **decompositores** são um tipo especial de consumidor, pois eles se alimentam da matéria orgânica, atuando na sua decomposição (degradação). A maioria dos decompositores é microscópica, por isso esses organismos foram representados dentro do círculo laranja, que representa um *zoom*.

Matéria orgânica: neste contexto são os restos de seres vivos, como partes de vegetais, excrementos e cadáveres de animais.

Às vezes ocorrem **desequilíbrios** na cadeia alimentar. Usando como exemplo a cadeia alimentar destas páginas, se muitos sapos forem mortos, a população de gafanhotos aumentará, pois não haverá sapos suficientes para caçá-los. Por outro lado, os jacarés serão prejudicados porque terão menos sapos para comer. Os vegetais também serão afetados devido ao aumento do número de gafanhotos.

A perereca é um consumidor. O inseto serve de alimento para ela.

1. Destaque dos **Adesivos** as imagens de seres vivos e cole-as nos lugares correspondentes às legendas.

A águia é um animal carnívoro.

Os cogumelos são fungos. Os fungos se alimentam da matéria orgânica em decomposição, no caso, o tronco da árvore.

As plantas são seres fotossintetizantes que produzem o próprio alimento.

O sagui é um animal onívoro.

A capivara é um animal herbívoro.

■ Observe as imagens e leia as legendas. Depois, responda às questões.

a) Em que se baseia a classificação dos animais em herbívoros, carnívoros e onívoros? Explique cada um. **ORAL**

b) Que papel a águia, o sagui e a capivara desempenham nas cadeias alimentares de que participam?

☐ Produtor. ☐ Consumidor. ☐ Decompositor.

c) Que papel as plantas desempenham nas cadeias alimentares de que participam: produtor, consumidor ou decompositor? E os fungos?

_____

_____

Teias alimentares

Como os seres vivos geralmente consomem mais de um tipo de alimento, as relações alimentares entre eles são mais complexas que a mostrada na página 30. Os organismos normalmente participam de várias cadeias alimentares, formando as chamadas **teias alimentares**.

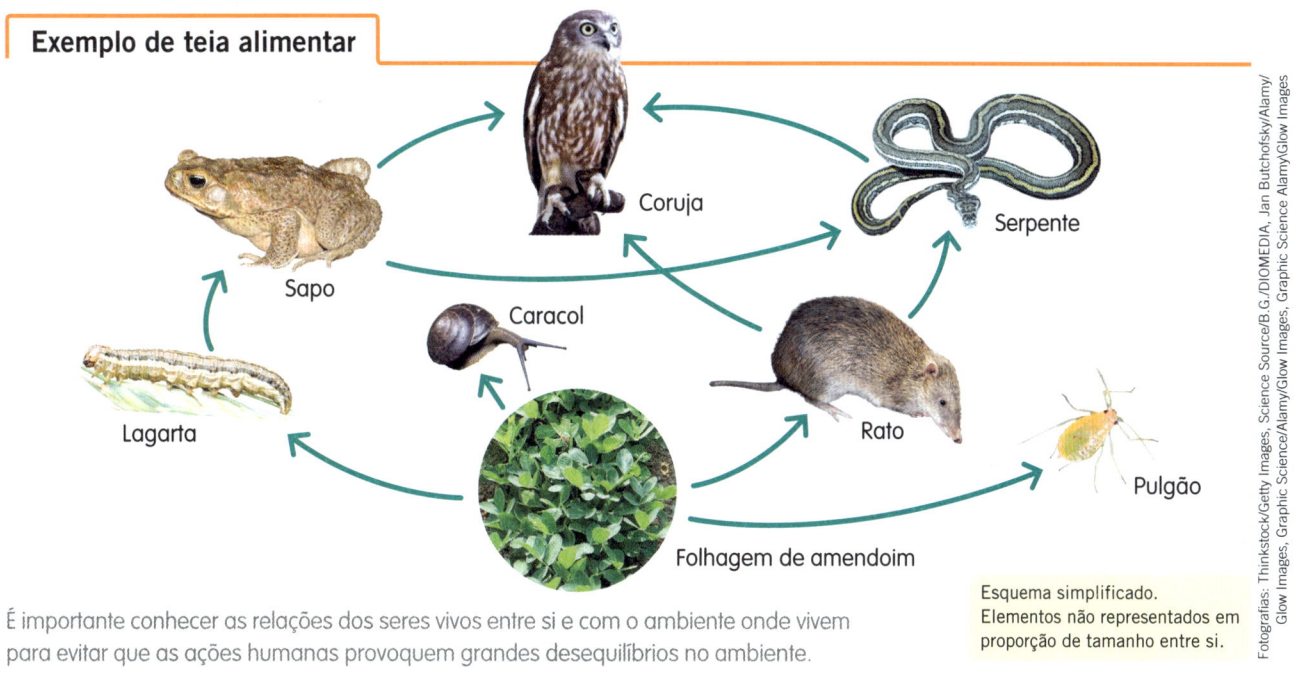

Exemplo de teia alimentar

Esquema simplificado. Elementos não representados em proporção de tamanho entre si.

É importante conhecer as relações dos seres vivos entre si e com o ambiente onde vivem para evitar que as ações humanas provoquem grandes desequilíbrios no ambiente.

2. Observe a teia alimentar acima e responda às questões.

   a) Quais produtores estão representados nela? _____

   b) Quais animais são consumidores? _____
   _____

   c) Imagine que um agricultor, querendo preservar suas plantações de amendoim, jogou veneno para matar as lagartas. Você acha que só as lagartas foram afetadas pela atitude do agricultor? Explique.

3. No caderno, elabore uma cadeia alimentar, indicando um produtor, dois consumidores e os decompositores. Insira o ser humano nessa cadeia.

   a) Qual é o papel do ser humano nessa cadeia alimentar: produtor, consumidor ou decompositor? _____

   b) Como os seres humanos podem interferir nas cadeias e nas teias alimentares dos outros seres vivos?

33

Os seres decompositores

> O que acontece com restos de folhas e cascas de frutas que você joga no lixo, com o passar do tempo? **ORAL**

Você já deve ter percebido que os restos dos seres vivos (corpos, folhas, frutos, galhos etc.) não permanecem no ambiente para sempre. Esses restos sofrem **decomposição**. Observe esse processo em um limão.

A parte acinzentada da fruta indica a presença de fungos decompositores.

Os fungos se alimentam da matéria orgânica morta e se multiplicam.

Após um tempo, a fruta se decompõe totalmente.

No processo de decomposição, a matéria orgânica é usada como alimento por seres **decompositores**, que são várias espécies de fungos e bactérias.

Os seres decompositores desempenham um importante papel nas cadeias alimentares, pois, ao se alimentarem dos restos de seres vivos, esses restos são transformados e os nutrientes minerais presentes neles são devolvidos ao ambiente. Com isso, os nutrientes minerais voltam a ficar disponíveis para o crescimento das plantas. Isso permite que a cadeia alimentar continue, como em um ciclo: as plantas servirão de alimento aos animais herbívoros, os animais herbívoros servirão de alimento aos animais carnívoros, e assim por diante.

1. O que aconteceria se não existissem os seres decompositores?

___

___

2. Relacione as fotografias com a ação dos seres decompositores.

___

___

Pão com bolor (à esquerda) e abóbora com bolor (à direita).

3. Existe uma forma de adiar o apodrecimento de alimentos?

___

___

Você sabia?

Entre os principais seres decompositores estão diversas espécies de bactérias e de fungos. As bactérias e muitos fungos são microscópicos. Há também fungos que podem ser vistos a olho nu, como os cogumelos e as orelhas-de-pau.

Os fungos chamados orelhas-de-pau provocam a decomposição do tronco de árvores mortas.

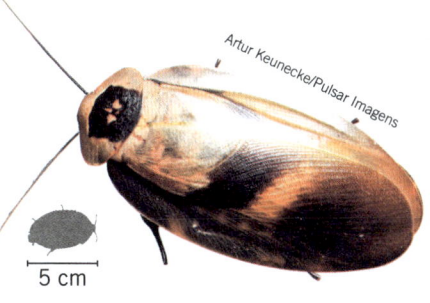

Alguns animais, como as baratas, alimentam-se de matéria orgânica morta e, com isso, facilitam a decomposição. As baratas silvestres, ou seja, aquelas que vivem nas matas, alimentam-se de folhas mortas e excrementos de outros animais.

As baratas silvestres vivem nas matas e ajudam na decomposição da matéria orgânica nesses ambientes.

Gente que faz!

O fermento e a decomposição

Nesta atividade você investigará alguns efeitos do fermento biológico sobre um alimento.

Antes de fazer a atividade, **pesquise** e converse com seus colegas sobre as seguintes questões:

- Do que é feito o fermento biológico?
- Será que esse fermento pode atuar na decomposição? Como?

Materiais

- 1 banana madura
- 2 recipientes plásticos transparentes com tampa
- Canetinha hidrográfica
- Colher
- Faca plástica
- Um pouco de fermento biológico em pó (fermento para pão)

Procedimentos GRUPO

1. Coloquem uma rodela de banana em cada um dos recipientes.

2. Em um deles, adicionem uma colher do fermento biológico sobre o pedaço de banana. Escrevam com a canetinha a letra **F** (de "**F**ermento") nesse recipiente.

As cores não correspondem aos tons reais.

3. Tampem os recipientes e observem os pedaços da fruta por 4 dias.

4. Com base no que você descobriu na pesquisa e na discussão com os colegas antes de iniciar a atividade, levante uma hipótese sobre qual seria o **resultado** esperado para ela? Assinale a alternativa que representa sua **hipótese**.

   A decomposição vai acontecer...

   ☐ apenas no recipiente onde o fermento foi colocado.

   ☐ apenas no recipiente onde o fermento não foi colocado.

   ☐ em ambos os recipientes.

   ☐ em nenhum dos recipientes.

1 Em relação à decomposição, há diferenças entre as rodelas de banana dos dois recipientes? Quais?

_____

_____

_____

2 Para tirar suas **conclusões** sobre a atividade, retome a pesquisa inicial e responda às questões.

a) Podemos afirmar que o fermento acelerou a decomposição da banana?

☐ Sim.   ☐ Não.

b) Também ocorreu decomposição no recipiente em que o fermento não foi colocado? Por quê?

_____

_____

_____

3 Sua hipótese inicial coincidiu com os **resultados** da atividade? Justifique.

_____

_____

Outras relações ecológicas

- Você acha que a principal necessidade dos seres vivos é obter alimentos?
- Que outras necessidades eles têm?

ORAL

Na busca pela sobrevivência, cada espécie de ser vivo tem formas diferentes de conseguir alimento, reproduzir-se e obter abrigo. Para isso, os diferentes organismos acabam se relacionando de diversas maneiras.

Conheça a seguir algumas das relações entre os seres vivos.

Relações entre os seres vivos

Da mesma espécie

Sociedade

Em uma **sociedade**, cada indivíduo tem uma função e todos cooperam para garantir alimento e abrigo ao grupo.

Os lobos vivem em sociedade, chamada alcateia. Eles caçam em grupo e, assim, têm mais chances de capturar uma presa do que se caçassem sozinhos. Além disso, na alcateia os filhotes ficam mais protegidos contra os predadores.
A sociedade também é o tipo de relação encontrado em espécies de formigas (como no formigueiro da fotografia), abelhas e cupins.

1,1 m

0,5 cm

Presa: organismo que é capturado para servir de alimento a outro.

Predador: organismo que caça, que captura a presa.

Colônia

Alguns indivíduos ficam unidos fisicamente e cooperam entre si para garantir alimentação e proteção ao grupo. Trata-se de uma relação chamada **colônia**.

A diferença entre sociedade e colônia é que, na colônia, os indivíduos vivem unidos fisicamente uns aos outros, ao contrário do que ocorre na sociedade.

Recife de coral, em Fernando de Noronha (PE). Os corais formam colônias.

38

Competição

Na busca por alimento, abrigo ou local para construção de ninho, e por parceiros para reprodução, os indivíduos de uma mesma espécie podem **competir** entre si. Nesse caso, os indivíduos mais adaptados ao ambiente têm mais chances de sobreviver e se reproduzir.

> **Adaptado:** que apresenta características que favorecem a sobrevivência e a reprodução em determinado ambiente.

Os jaburus (aves típicas do Pantanal) competem por espaço nas copas das árvores para construção dos ninhos.

De espécies diferentes

Predação

Nas relações de **predação**, a presa sempre é prejudicada, pois serve de alimento ao predador, que, por sua vez, se beneficia com os nutrientes da presa.

Quando um tamanduá come formigas ou cupins, ele é beneficiado porque obtém alimento, enquanto os insetos são prejudicados.

O jacaré mantém a boca aberta para receber uma "limpeza" do pássaro-paliteiro. Esse pássaro se alimenta dos restos de comida presos aos dentes do réptil, enquanto o jacaré se beneficia por ficar com os dentes limpos.

Cooperação

Alguns animais mantêm entre si uma relação de **cooperação**, em que ambos são beneficiados.

Inquilinismo

O **inquilinismo** é a relação em que um dos organismos (o inquilino) é beneficiado, obtendo proteção ou suporte no corpo da espécie hospedeira, sem prejudicá-la.

As orquídeas que vivem apoiadas nos troncos de árvores não as prejudicam.

Parasitismo

O **parasitismo** é a relação em que um dos organismos (o parasita) é beneficiado, e o outro (o hospedeiro) é prejudicado, pois o parasita alimenta-se à custa do hospedeiro, prejudicando-o.

As lombrigas são vermes que podem parasitar o intestino humano. As pulgas que vivem nos pelos de mamíferos também são parasitas. As pulgas se alimentam do sangue do hospedeiro e, além de incomodá-lo, podem lhe transmitir doenças.

1. Na fotografia há um animal camuflado. Você consegue achá-lo? Que animal é? **ORAL**

   ■ A camuflagem é vantajosa para as presas ou para os predadores? Explique.

   Muitos animais são parecidos com o ambiente onde vivem — alguns são tão parecidos que fica quase impossível percebê-los, de tão camuflados.

2. Que tipo de relação está representado em cada fotografia?

   Pássaro com lagarta.

   Colmeia de abelhas.

   A _____   B _____

   ■ Em qual situação um animal está prejudicando o outro? Justifique.

   _____
   _____
   _____
   _____

3. Respondam no caderno: as orquídeas podem ser consideradas parasitas das árvores? Justifiquem. **DUPLA**

   As orquídeas vivem sobre os troncos das árvores.

40

4. Leiam o texto, observem as imagens e respondam à questão no caderno. **DUPLA**

O trabalho nas sociedades indígenas é realizado por todos os seus integrantes. Em geral, eles se dividem em grupos que fazem diferentes tarefas. Por exemplo, as mulheres são responsáveis por cuidar das crianças, preparar a comida, fazer a colheita e plantar os alimentos. Já os homens ficam encarregados de caçar, pescar e manter contato com outras tribos.

Muitos povos indígenas têm um pajé e um cacique. O pajé é responsável pelos rituais da tribo e também é o curandeiro, pois conhece as ervas para curar doenças. O cacique é quem chefia a tribo, organizando e orientando todos. Homens ou mulheres podem desempenhar essa função.

As mulheres da etnia kuikuro contribuem com o seu povo fazendo o trabalho de tecelagem. Fotografia de 2013.

- As pessoas que vivem nos centros urbanos também formam uma sociedade, como os povos indígenas? Expliquem.

Centro urbano em São José dos Campos, SP. Fotografia de 2010.

41

A sociedade dos cupins

Os cupins se alimentam de madeira e de plantas, contribuindo para a degradação da matéria orgânica e a fertilização dos solos. Os tipos de ninhos variam entre as espécies de cupins. O que está representado aqui é bastante comum em pastagens.

Os cupins soldados são maiores que os operários e protegem o ninho contra invasores.

Os cupins operários são responsáveis por diversas tarefas, como buscar alimentos, cuidar da limpeza e construir os túneis.

O ninho é feito com terra, areia, saliva e excrementos dos próprios cupins. É cheio de túneis; uma parte fica acima da terra e a outra é subterrânea. Por fora, o ninho parece um monte de terra ressecada e sem vida. Mas, por dentro, circulam muitos cupins.

O ninho tem diversas câmaras, interligadas por túneis. Há câmaras de depósito de alimento e até berçário para os ovos.

A câmara real abriga a rainha e o rei do cupinzeiro. O casal real é responsável pela fundação do ninho e pela multiplicação dos cupins.

A sociedade dos cupins está organizada em três classes principais: casal real, soldados e operários. Os integrantes de cada uma dessas classes desempenham uma função no cupinzeiro e, juntos, contribuem para a manutenção do seu ninho e sobrevivência uns dos outros.

A rainha é bem maior que o rei e põe os ovos que darão origem aos cupins que povoarão o cupinzeiro.

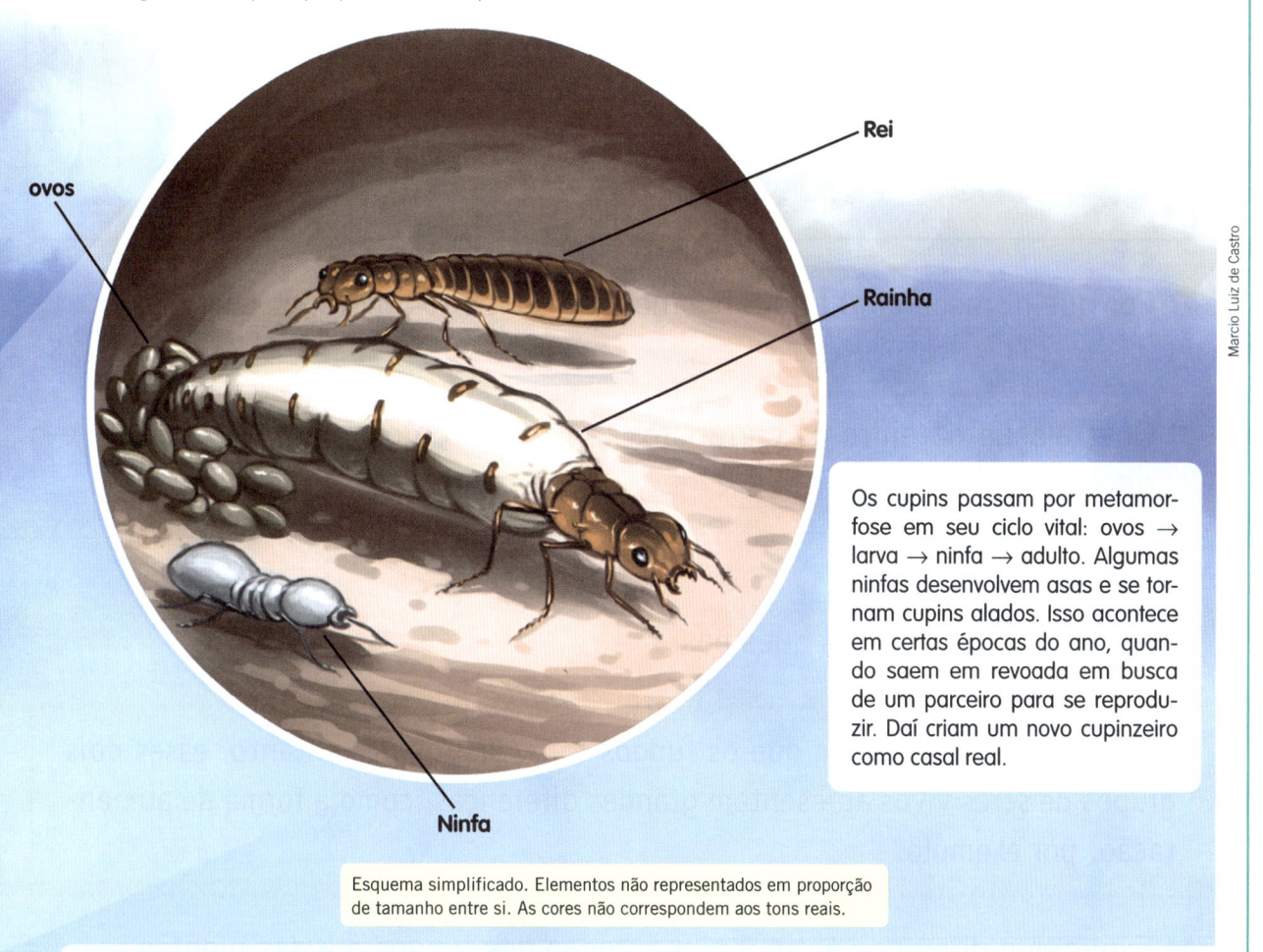

Ovos

Rei

Rainha

Ninfa

Os cupins passam por metamorfose em seu ciclo vital: ovos → larva → ninfa → adulto. Algumas ninfas desenvolvem asas e se tornam cupins alados. Isso acontece em certas épocas do ano, quando saem em revoada em busca de um parceiro para se reproduzir. Daí criam um novo cupinzeiro como casal real.

Esquema simplificado. Elementos não representados em proporção de tamanho entre si. As cores não correspondem aos tons reais.

Marcio Luiz de Castro

Vamos pesquisar? GRUPO

1. O professor dividirá a classe em dois grupos. Um dos grupos pesquisará sobre a sociedade das abelhas e o outro, sobre a sociedade das formigas. A pesquisa poderá ser feita em livros, revistas e na internet.
   - Tal como acontece em uma sociedade, dividam as tarefas entre os integrantes do grupo. Elaborem um cartaz com desenhos e textos sobre como esses animais vivem e se organizam.
   - Depois, troquem informações com os colegas do outro grupo.

43

Atividades

1. Leia a tirinha e responda às questões.

a) Por que o rinoceronte ficou incomodado com o regime do pássaro?

_____

b) Que relação há entre os carrapatos e o rinoceronte? E entre o pássaro e o rinoceronte?

_____

2. Leia o texto e responda às questões.

> Muitas pessoas acham que os fungos são vegetais. No entanto, esses dois grupos de seres vivos apresentam grandes diferenças, como a forma de alimentação, por exemplo.

a) Explique a diferença entre a alimentação dos fungos e a das plantas.

_____

b) Qual é o papel desempenhado pelos fungos na cadeia alimentar? E o das plantas?

_____

3. Destaque as imagens da página 11 do **Material Complementar** e, em folhas avulsas, monte com elas uma cadeia alimentar e uma teia alimentar. Identifique os produtores, os consumidores e os decompositores de cada uma.

4. Observe o ambiente de um rio representado no esquema.

Bactérias decompositoras

Algas microscópicas

Esquema simplificado. Elementos não representados em proporção de tamanho entre si. As cores não correspondem aos tons reais.

a) Em uma folha à parte, monte uma cadeia alimentar usando os organismos representados na ilustração.

b) Qual é o papel das algas e das plantas aquáticas nessa cadeia alimentar?

☐ Produtores, base da cadeia alimentar em questão.

☐ Consumidores, topo da cadeia alimentar em questão.

c) Quais são os consumidores dessa cadeia alimentar, sem contar os decompositores?

_____

d) O que aconteceria aos seres vivos desse ambiente se os resíduos tóxicos de uma fábrica localizada nas proximidades fossem jogados na água, poluindo o rio?

_____

_____

Ampliando horizontes...

livros

Desastre na Mata, de Pedro Bandeira e Rogério Soud, Melhoramentos.
Tavinho vivia viajando de avião com o pai. Em uma das viagens, o avião teve que fazer um pouso forçado no meio da floresta Amazônica em uma aldeia indígena. Aprenda um pouco mais sobre a cultura indígena nessa emocionante história.

A história da cadeia alimentar, de Matthew Lilly e Jacqui Bailey, DCL. (Coleção Ciência Viva.)
Os seres vivos estão ligados pelo que comem e todos os animais dependem das plantas.

rede de ideias

A lenda da gralha-azul

De acordo com a lenda, a gralha não era azul, e sim negra.

Um dia, ela descansava sobre o galho de um pinheiro quando foi acordada pelos golpes de um machado. Ela voou assustada para longe, mas recebeu um pedido divino para que voltasse e ajudasse a proteger os pinheiros. Ela obedeceu e, como recompensa, teve suas penas coloridas em azul, lembrando as cores do céu, mas manteve o negro em sua face.

Gralha-azul com pinhão. Fotografia feita no Parque das Aves em Foz do Iguaçu, PR, 2011.

A gralha-azul é uma ave muito esperta, que se alimenta de filhotes de aves, de ratos, de insetos e de pinhões. Estes ela descasca, para comer apenas a polpa; quando se sente saciada, enterra uma quantidade deles para comer mais tarde. Antes de enterrar cada pinhão, tira a cabeça dele, aquela ponta mais larga, para que não apodreça, e o enterra com a ponta mais fina voltada para cima. Acontece que muitas gralhas morrem, outras esquecem onde enterraram os pinhões, que acabam por germinar, crescer, transformar-se em grandes pinheiros... [...]

Sonia Junqueira. *A lenda da gralha-azul*. São Paulo: Atual, 1994, p. 22. (Coleção Baú de Histórias.)

1 Você acha que as lendas são histórias verdadeiras ou falsas? Você já ouviu alguma lenda? `ORAL`

2 A gralha-azul é um animal carnívoro, herbívoro ou onívoro? Justifique.

_____

_____

_____

3 No caderno, monte uma cadeia alimentar envolvendo os pinheiros, as gralhas-azuis e os fungos e bactérias. Indique quais são os seres produtores, os consumidores e os decompositores.

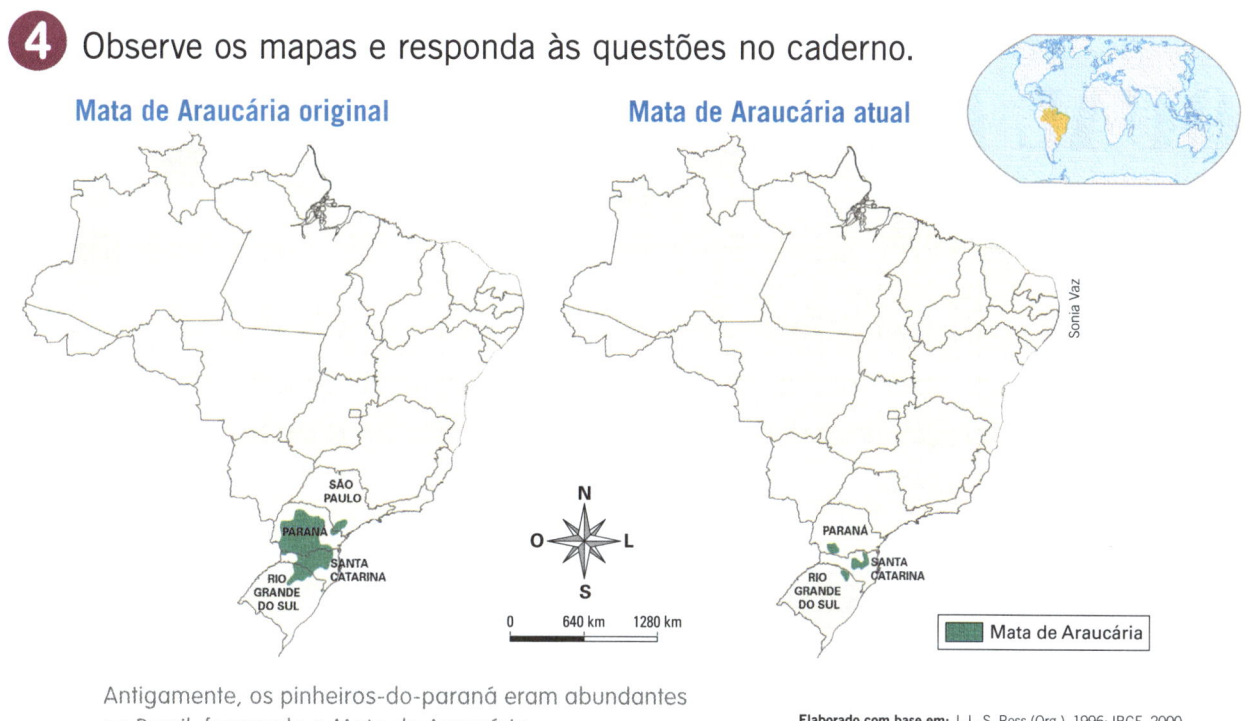

4 Observe os mapas e responda às questões no caderno.

Mata de Araucária original

Mata de Araucária atual

Antigamente, os pinheiros-do-paraná eram abundantes no Brasil, formando a Mata de Araucária.

Elaborado com base em: J. L. S. Ross (Org.). 1996: IBGE, 2000.

Os pinhões são sementes de pinheiros-do-paraná (ou araucárias), árvores típicas da região Sul do país.

Nos dias de hoje, os pinheiros-do-paraná se restringem a pequenas áreas de conservação ambiental. A maior parte dessas árvores foi derrubada por atividades humanas, que visam à extração da madeira e à ocupação da terra para a agricultura. Na fotografia, pinheiral em São Sebastião do Sul, SC, 2012.

a) Antigamente, a Mata de Araucária era encontrada em quais estados brasileiros?

b) A interferência humana nesse ambiente foi positiva ou negativa? Explique.

5 É possível afirmar que as gralhas-azuis contribuem para a preservação dos pinheiros-do-paraná? Explique.

ORAL

QUAL É A PEGADA?
equilíbrio

Diversas atividades humanas podem causar a destruição de hábitats e contribuir tanto para a proliferação de certos animais como para a extinção de outros, interferindo nas cadeias alimentares.

Ismar Ingber/Pulsar Imagens

LucianaWhitaker/Pulsar Imagens

Construção de cidades
Nos centros urbanos, onde há aglomeração de pessoas, há grande número de animais que podem transmitir doenças, como ratos, baratas, pombos e mosquitos. Esses animais encontram oferta de comida e poucos inimigos naturais, o que favorece sua proliferação.

Palê Zuppani/Pulsar Imagens

Desmatamento e exploração excessiva de recursos naturais
O preparo do solo para agricultura ou pasto, muitas vezes, é feito por meio da queimada da vegetação natural. Muitos animais silvestres, como serpentes e aves, acabam morrendo durante a tentativa de escapar do fogo.

Sem hábitat, animais como a onça-pintada podem ir para regiões onde há moradias. Ao se deparar com animais silvestres, deve-se comunicar imediatamente o Corpo de Bombeiros, ligando para o 193. É importante não chegar perto deles, pois, ao se sentirem ameaçados, eles podem atacar.

Steve Gettle/Minden Pictures/Latinstock

43 cm

Este udu-de-coroa-azul sofre com a perda de hábitat no Nordeste do país.

Tom Mchugh/Photoresearchers/Getty Images

15 cm

Lixo acumulado nas ruas atrai animais transmissores de doenças, como o rato.

Artur Keunecke/Pulsar Imagens

2,5 m

48

1. As fotografias da página ao lado mostram equilíbrio ou desequilíbrio ambiental? Isso pode ser positivo ou negativo? Justifique.

   _____

   _____

2. Você acha que é possível ter desenvolvimento econômico e social sem afetar o ambiente? Explique.

   _____

   _____

3. O que pode ser feito para controlar o número de animais transmissores de doenças, como ratos e baratas?

   _____

   _____

4. O que nós, seres humanos, podemos fazer para diminuir os impactos negativos de nossas ações no ambiente?

   _____

   _____

5. Com base nas respostas das questões acima, façam, em uma folha à parte, um cartaz exemplificando como seria o mundo se todos os seres humanos respeitassem o equilíbrio natural do ambiente. **GRUPO**

Fotografias: Thinkstock/Getty Images

O ser humano pode e deve contribuir para o equilíbrio ambiental.

UNIDADE 3

A digestão e a respiração

Vendedora de pratos típicos da Bahia.
Fotografia feita no Pelourinho, em Salvador (BA), 2010.

Converse com os colegas e responda às questões.

1. O que vocês sabem sobre os pratos mostrados na fotografia?

2. Vocês já ficaram com "água na boca" ao sentir um cheiro bom de comida? Por que vocês acham que isso aconteceu?

3. Que órgãos estão envolvidos nos processos de salivação e de percepção do cheiro da comida?

Os alimentos

Qual é seu alimento favorito? Será que você se manteria saudável comendo apenas esse alimento todos os dias? Por quê?

ORAL

Os **nutrientes** estão presentes nos alimentos. São eles que fornecem energia e substâncias de que o organismo precisa para crescer e produzir novas estruturas, como pele, sangue, unhas e cabelo. Conheça, a seguir, os tipos de nutrientes presentes nos alimentos e as principais funções de cada um.

Nutrientes	Exemplos de alimentos onde podem ser encontrados	Função principal
Proteínas		Construir músculos, pele e outras estruturas do corpo; fornecer energia.
Carboidratos		Fornecer energia.
Lipídios		Formar algumas partes do organismo, fornecer energia.
Vitaminas e minerais		Garantir o funcionamento do corpo e protegê-lo de doenças.

52

As proteínas, os carboidratos e os lipídios fornecem energia ao corpo humano. A energia dos nutrientes pode ser medida em **quilocalorias**, cujo símbolo é **kcal**: 1 grama de proteína fornece 4 kcal; 1 grama de carboidrato fornece 4 kcal; 1 grama de lipídio fornece 9 kcal.

As vitaminas e os minerais não fornecem quilocalorias, mas garantem substâncias essenciais ao funcionamento do organismo.

1. Observe as obras de arte e responda às questões.

O verão, de Giuseppe Arcimboldo, 1573. Óleo sobre tela. Museu do Louvre, Paris, França. Arcimboldo foi um pintor italiano que viveu no século XVI.

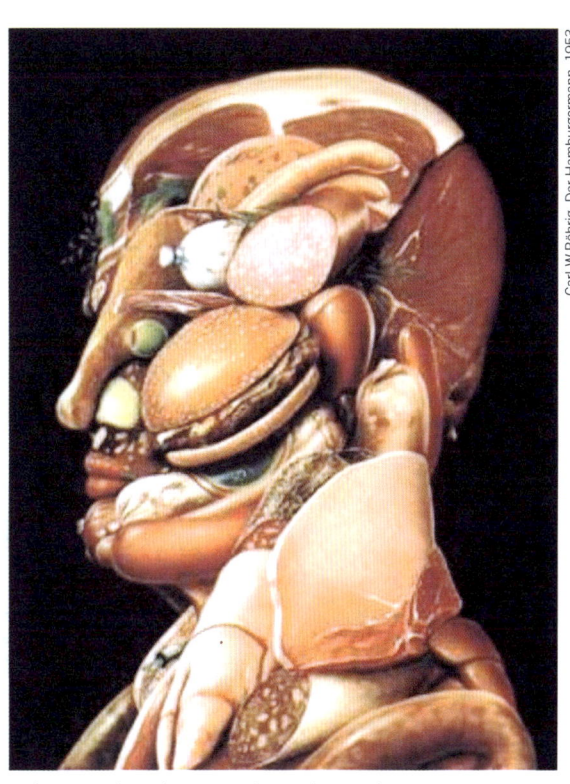

O homem hambúrguer, de Carl-W. Röhrig, 1953. Técnica mista sobre papelão. Coleção particular.

a) Que semelhanças e que diferenças você nota nas duas obras de arte?

b) Qual poderia ter sido a intenção do autor da segunda obra ao usar alimentos industrializados? Quais deles você identifica?

2. O que é uma alimentação variada e equilibrada? **ORAL**

A digestão e o sistema digestório

O que acontece com uma maçã dentro do nosso organismo depois que a comemos?

ORAL

Para que o organismo possa aproveitar os nutrientes fornecidos pelos alimentos, é preciso que ocorra o processo de **digestão**. A digestão faz com que os alimentos sejam transformados de modo que seus nutrientes possam ser absorvidos pelo organismo. Esse processo ocorre nos órgãos do sistema digestório.

O sistema digestório é formado pelo trato gastrintestinal e pelos órgãos acessórios.

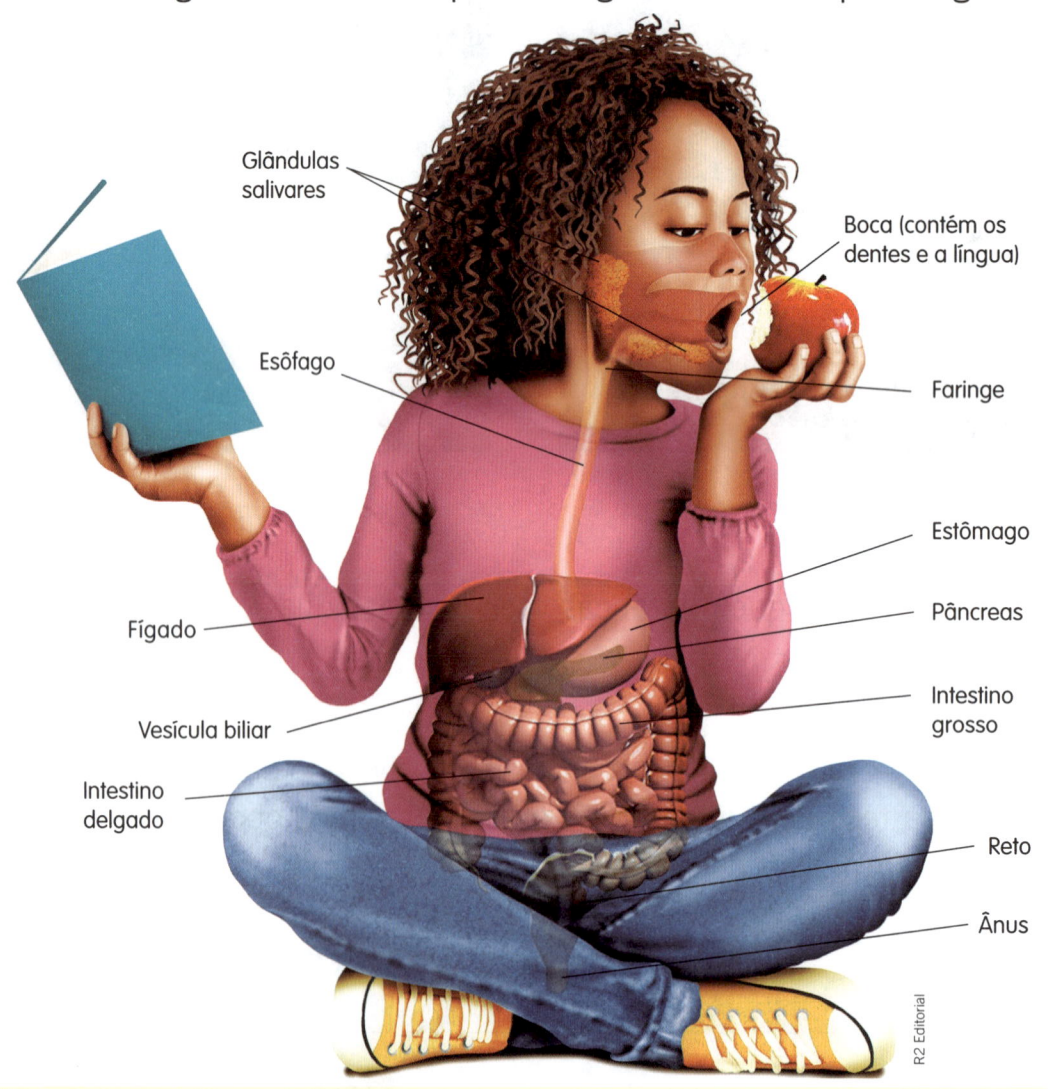

- Glândulas salivares
- Esôfago
- Fígado
- Vesícula biliar
- Intestino delgado
- Boca (contém os dentes e a língua)
- Faringe
- Estômago
- Pâncreas
- Intestino grosso
- Reto
- Ânus

Esquema simplificado. Os elementos não foram representados em proporção de tamanho entre si. As cores não representam os tons reais.

O **trato gastrintestinal** é um longo tubo que começa na boca e termina no ânus. Os órgãos do trato gastrintestinal são a boca, a faringe, o esôfago, o estômago, o intestino delgado e o intestino grosso.

As glândulas salivares, o fígado, a vesícula biliar e o pâncreas são **órgãos acessórios** que produzem ou armazenam substâncias que auxiliam no processo de digestão. Os dentes e a língua também são órgãos acessórios.

> Você sabia?
> O intestino delgado de um adulto mede cerca de seis metros de comprimento.

1. Observe a figura da garota comendo maçã e o esquema abaixo do sistema digestório humano. Faça o que se pede.

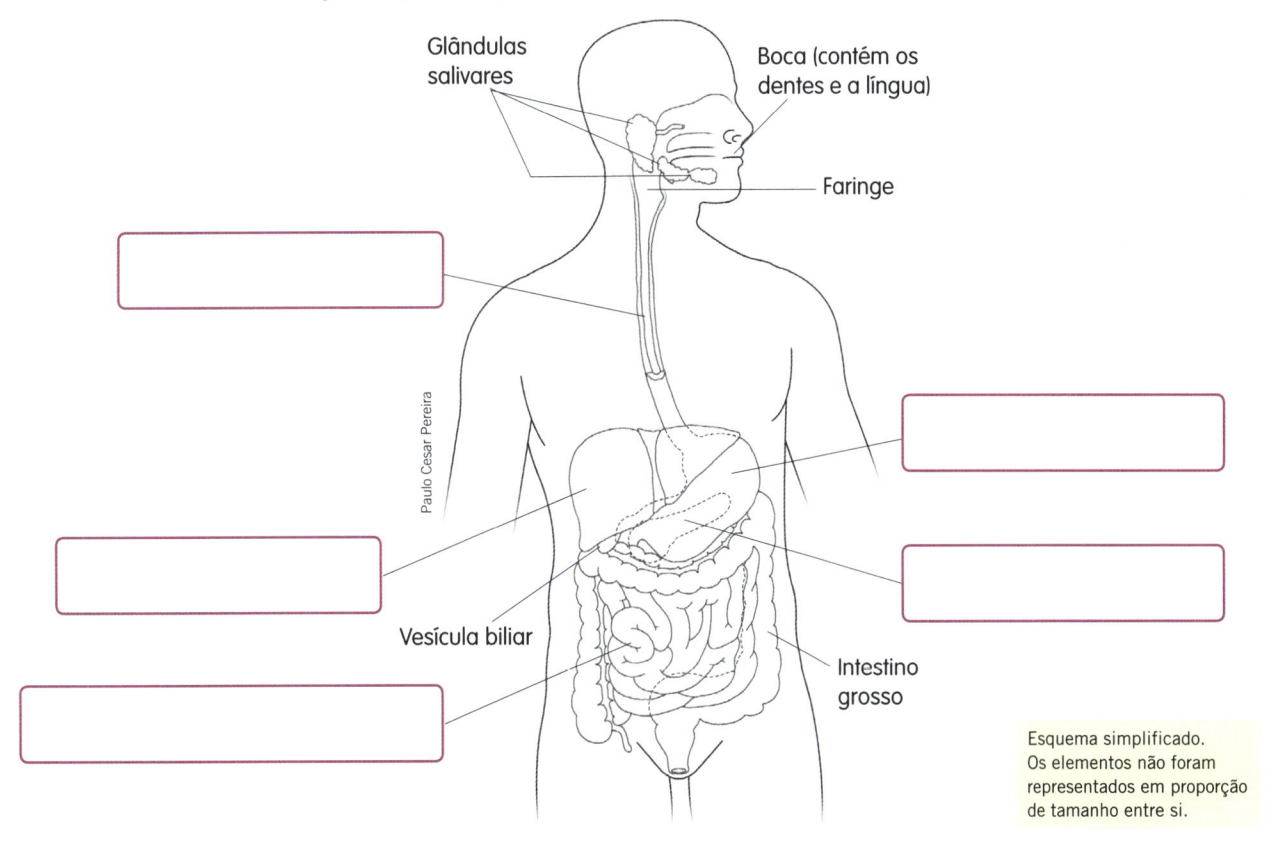

Glândulas salivares
Boca (contém os dentes e a língua)
Faringe
Vesícula biliar
Intestino grosso

Esquema simplificado. Os elementos não foram representados em proporção de tamanho entre si.

a) Complete as legendas com os nomes dos órgãos.
b) Por que alguns órgãos estão representados por linhas tracejadas?

_____

_____

c) Como é possível que o intestino delgado de um adulto, que mede cerca de 6 m de comprimento, caiba no interior do corpo? **ORAL**

55

As funções do sistema digestório

ORAL

Olhe o interior da sua boca em um espelho. Movimente a língua e observe o formato de todos os seus dentes. Por que os dentes têm formatos diferentes?

Durante a passagem pelo trato gastrintestinal, os alimentos vão entrando em contato com as substâncias digestivas e se transformando em uma pasta. Nesse percurso, os nutrientes são disponibilizados para serem absorvidos pelo corpo. Veja as etapas da digestão.

Disponibilizar: tornar disponível, deixar acessível.

1 Boca, dentes, língua e glândulas salivares
Os alimentos são ingeridos pela boca. Com a ajuda dos dentes e da língua, os alimentos são triturados e umedecidos com a **saliva**, líquido produzido pelas glândulas salivares. Forma-se, assim, o bolo alimentar, que é engolido com a ajuda dos movimentos da língua.

2 Faringe e esôfago
Depois de engolido, o bolo alimentar passa pela faringe, vai para o esôfago e segue em direção ao estômago.

3 Estômago
O bolo alimentar entra em contato com **substâncias digestivas** produzidas pelo estômago.

4 Intestino delgado
Nesse órgão, ocorre a ação de substâncias digestivas produzidas pelo próprio intestino delgado, pelo fígado e pelo pâncreas, que completam a digestão dos alimentos. Depois de digeridos, os nutrientes ficam disponíveis para o corpo e passam do sistema digestório para o sangue. O sangue, então, distribui os nutrientes para todo o corpo. Dizemos que no intestino delgado ocorre a **absorção dos nutrientes e de água**.

5 Intestino grosso
Os restos de alimentos que não são aproveitados pelo corpo, junto às bactérias que vivem no intestino e células mortas formam as **fezes**. As fezes são eliminadas pelo ânus, parte final do intestino grosso. Nesse órgão, ocorre também a **absorção de parte da água**.

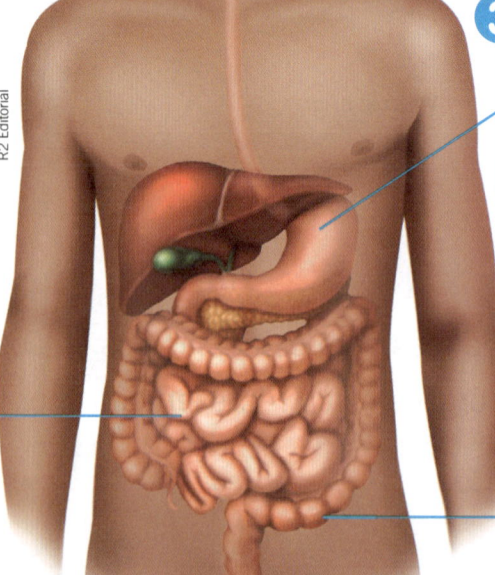

Esquema simplificado. Elementos não representados em proporção de tamanho entre si. As cores não correspondem aos tons reais.

Algumas estruturas do sistema digestório – como as glândulas salivares, o estômago, o fígado, o pâncreas e o intestino delgado – produzem líquidos que auxiliam a digestão dos alimentos, transformando-os em substâncias que podem ser absorvidas pelo organismo.

> **Você sabia?**
> No trato gastrintestinal há músculos que misturam e empurram os alimentos ao longo do tubo. Esses músculos estão presentes no esôfago, no estômago e nos intestinos e têm movimentos involuntários, chamados de **movimentos peristálticos**.

1. Leia o texto e faça o que se pede.

> A cárie é causada por bactérias que vivem na boca e se alimentam do resto de comida que fica entre os dentes. Se não for tratada, a cárie provoca dor.

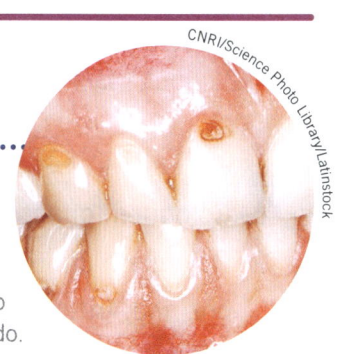

A cárie pode estragar completamente o dente atingido.

■ Além de consultar o dentista regularmente, quais seriam outras formas de prevenir o aparecimento das cáries?

_____
_____

2. Observe a fotografia e leia a legenda. Em seguida, responda às questões.

Ao ver, cheirar ou mesmo pensar em comida, o cérebro envia ordens ao corpo para que ele comece a se preparar para a digestão. Nesse processo são produzidos a saliva e outros líquidos digestivos.

a) Qual é a função das substâncias digestivas?

_____

b) Em que órgãos do sistema digestório essas substâncias são produzidas?

_____
_____

57

Gente que faz!

Atividade 1: A mastigação

É importante mastigar muito bem os alimentos antes de engoli-los? Por quê? Anote a **hipótese** no caderno antes de fazer a atividade a seguir.

Materiais

- 2 comprimidos efervescentes (de vitamina C, por exemplo)
- 2 copos plásticos transparentes
- Água
- Folha sulfite
- Martelo de cozinha

Procedimentos DUPLA

1. Coloquem quantidades iguais de água nos dois copos plásticos.
2. Coloquem um dos comprimidos efervescentes sobre a folha de sulfite e, com o martelo de cozinha, triturem-no até que vire um pó.
3. Despejem o comprimido triturado em um dos copos com água. Ao mesmo tempo, joguem o comprimido inteiro no outro copo com água.
4. Observem qual comprimido se dissolve primeiro.

Atenção! É importante que o comprimido triturado e o comprimido inteiro sejam colocados nos copos com água ao mesmo tempo.

1 Considerem que os comprimidos representam os alimentos que colocamos na boca.

   a) Que processo vocês representaram ao triturar o comprimido com o martelo de cozinha? _____

   b) Que estruturas da boca o martelo representa? _____

2 Qual comprimido se dissolveu mais rápido: o inteiro ou o triturado?

_____

3 Proponham uma explicação para o **resultado** do experimento.

_____

_____

_____

4 Qual foi a **conclusão** do experimento: a hipótese inicial estava correta? Expliquem. **ORAL**

Atividade 2: A digestão dos lipídios

Materiais
- 2 copos plásticos transparentes
- Água
- Colher
- Detergente líquido
- Óleo de cozinha

Procedimentos DUPLA

1. Coloquem água nos dois copos até a metade.
2. Acrescentem 3 colheres de óleo de cozinha em cada copo.
3. Em um dos copos, despejem uma colher de detergente e misturem.
4. Observem o aspecto da água com óleo nos dois copos.

1 Expliquem o **resultado**: que diferenças vocês constataram entre as misturas dos dois copos?

_____

_____

2 Considerem que o fenômeno observado no copo com água, óleo e detergente representa um processo que ocorre durante a digestão.

a) Que tipo de nutriente está presente no óleo de cozinha? _____

b) O detergente representa a bile do sistema digestório. Qual é a função desse tipo de substância? _____

3 Destaque o esquema do sistema digestório da página 9 do **Material Complementar**.

a) Identifique as partes e os órgãos do sistema digestório.

b) Pesquise: em qual estrutura do sistema digestório é produzida a substância representada pelo detergente? _____

c) Pesquise: em qual estrutura do sistema digestório é armazenada a substância representada pelo detergente? _____

4 **Conclusão**: por que a função da bile pode ser comparada à do detergente de cozinha? ORAL

5 Relacionem a trituração dos alimentos feita pelos dentes e a ação da bile sobre a gordura na digestão. ORAL

A respiração e o sistema respiratório

Coloque a mão aberta sobre o seu tórax e respire profundamente: puxe o ar pelo nariz e solte-o pela boca. Preste atenção nos movimentos do corpo durante a entrada e a saída do ar.

ORAL

- Quais partes do corpo participam desses movimentos?

Nós precisamos respirar porque cada uma de nossas células necessita de gás oxigênio.

Célula: unidade microscópica que forma os seres vivos. No corpo humano há diferentes tipos de células, como os glóbulos vermelhos (do sangue) e os neurônios (do sistema nervoso).

→ **Inspiração:** entrada de ar no organismo.
← **Expiração:** saída de ar do organismo.

Dentro das células, acontece um conjunto de reações químicas que envolve os nutrientes dos alimentos e o gás oxigênio do ar; como resultado, ocorre produção de energia e liberação de gás carbônico. O gás carbônico não é utilizado pelo corpo e é eliminado do organismo pela expiração.

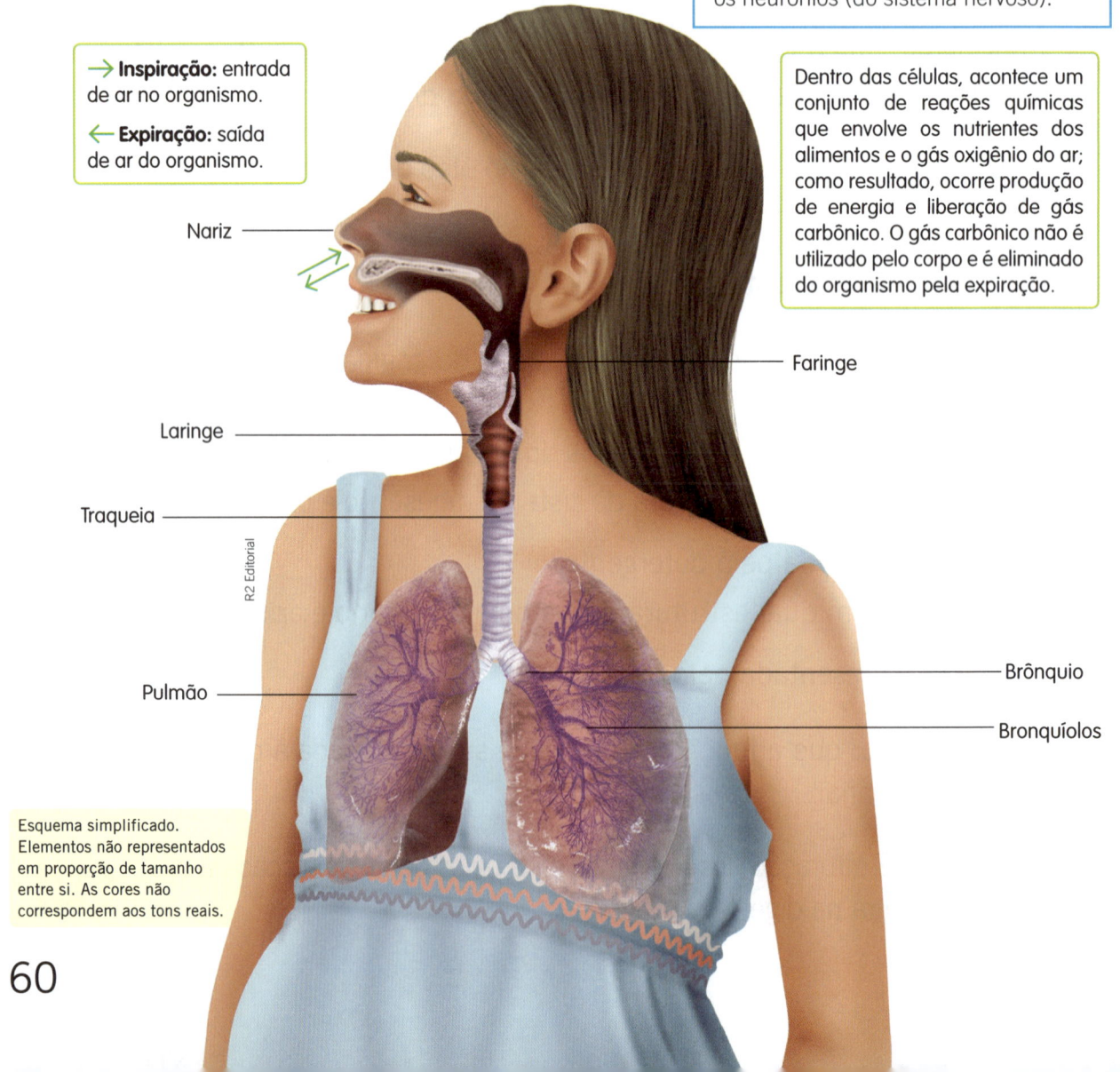

Nariz
Faringe
Laringe
Traqueia
Pulmão
Brônquio
Bronquíolos

R2 Editorial

Esquema simplificado. Elementos não representados em proporção de tamanho entre si. As cores não correspondem aos tons reais.

60

Movimentos respiratórios

A inspiração e a expiração envolvem movimentos involuntários. Esses movimentos são feitos com a ajuda do músculo diafragma e dos músculos intercostais, que são aqueles localizados entre as costelas.

Involuntário: que não depende da nossa vontade.

Inspiração

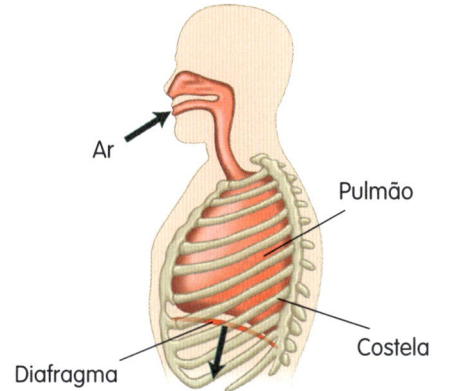

O diafragma desce, permitindo a entrada de ar nos pulmões, que se expandem. As costelas se levantam com a ação dos músculos intercostais.

Expiração

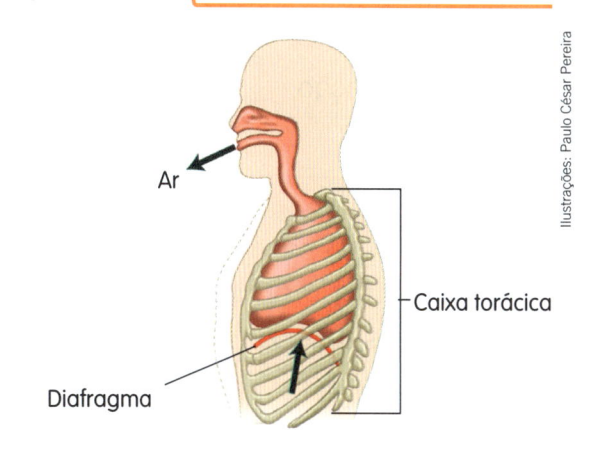

O diafragma sobe, forçando a saída de ar dos pulmões. As costelas se abaixam devido ao relaxamento dos músculos intercostais.

Esquema simplificado. Elementos não representados em proporção de tamanho entre si. As cores não correspondem aos tons reais.

1. Vamos medir os movimentos respiratórios. Para isso, vocês vão precisar de uma fita métrica. Sigam os passos. **DUPLA**
    - Peça ao colega que inspire profundamente e segure a respiração por um tempo para que você meça o tórax dele. Se necessário, peçam a ajuda do professor para medir.
    - Anotem no caderno a medida que vocês viram na fita, ao lado da palavra **inspiração**.
    - Agora, peça ao colega que inspire e expire, segurando um pouco a respiração com os pulmões "vazios" para que você meça novamente o tórax dele.
    - Anotem a medida encontrada ao lado da palavra **expiração**.
    - Troquem os papéis e repitam o procedimento.
    a) Em que momento a medida do tórax foi maior?
        ☐ Na inspiração.   ☐ Na expiração.
    b) Considerem os movimentos das costelas, do diafragma e dos pulmões durante a inspiração e a expiração e expliquem a diferença entre as medidas. **ORAL**

61

> **Você sabia?**
>
> Durante a expiração, os pulmões nunca ficam totalmente vazios. Resta neles o chamado ar residual.

2. Complete a tabela com informações sobre os movimentos da respiração.

Movimento respiratório	Diafragma (desce/sobe)	Costelas (levantam/abaixam)	Pulmões (esvaziam/enchem)
Inspiração		levantam	
	sobe		

3. Com um colega, tentem imitar as ações abaixo. Enquanto você imita os movimentos, o colega deve observar e anotar como fica a sua respiração em cada situação. Depois, invertam os papéis. Respondam às questões.

DUPLA

Tosse

Bocejo

Suspiro

Riso

Choro

a) Os movimentos da respiração são iguais em todas as situações?
b) Escolham uma delas e expliquem os movimentos da respiração.

ORAL

Simulando a respiração

Observe a representação de um modelo de parte do sistema respiratório. Ao puxar a bexiga da parte inferior da garrafa, as bexigas menores do interior da garrafa se enchem de ar.

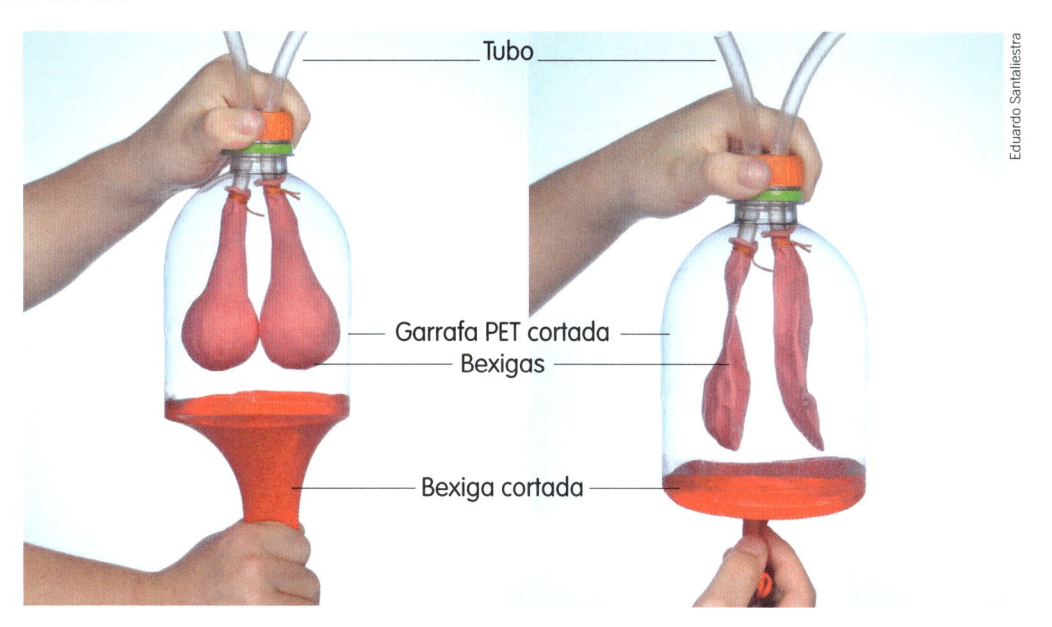

Converse com os colegas e o professor e responda às questões.

1. Que estruturas do sistema respiratório foram representadas por:

a) tubos? _____

b) garrafa PET? _____

c) bexigas menores? _____

d) bexiga maior colocada no fundo da garrafa? _____

2. O que aconteceu quando a bexiga do fundo da garrafa foi puxada para baixo? E quando foi solta? _____

3. Que movimento é representado quando a bexiga do fundo da garrafa é puxada para baixo? Justifique a resposta. **ORAL**

4. Que movimento é representado quando a bexiga do fundo da garrafa é solta? Justifique a resposta. **ORAL**

As trocas gasosas

Durante a respiração pulmonar ocorrem as trocas gasosas do organismo: captamos o gás oxigênio do ar e eliminamos o gás carbônico proveniente das reações químicas que ocorrem nas células do corpo.

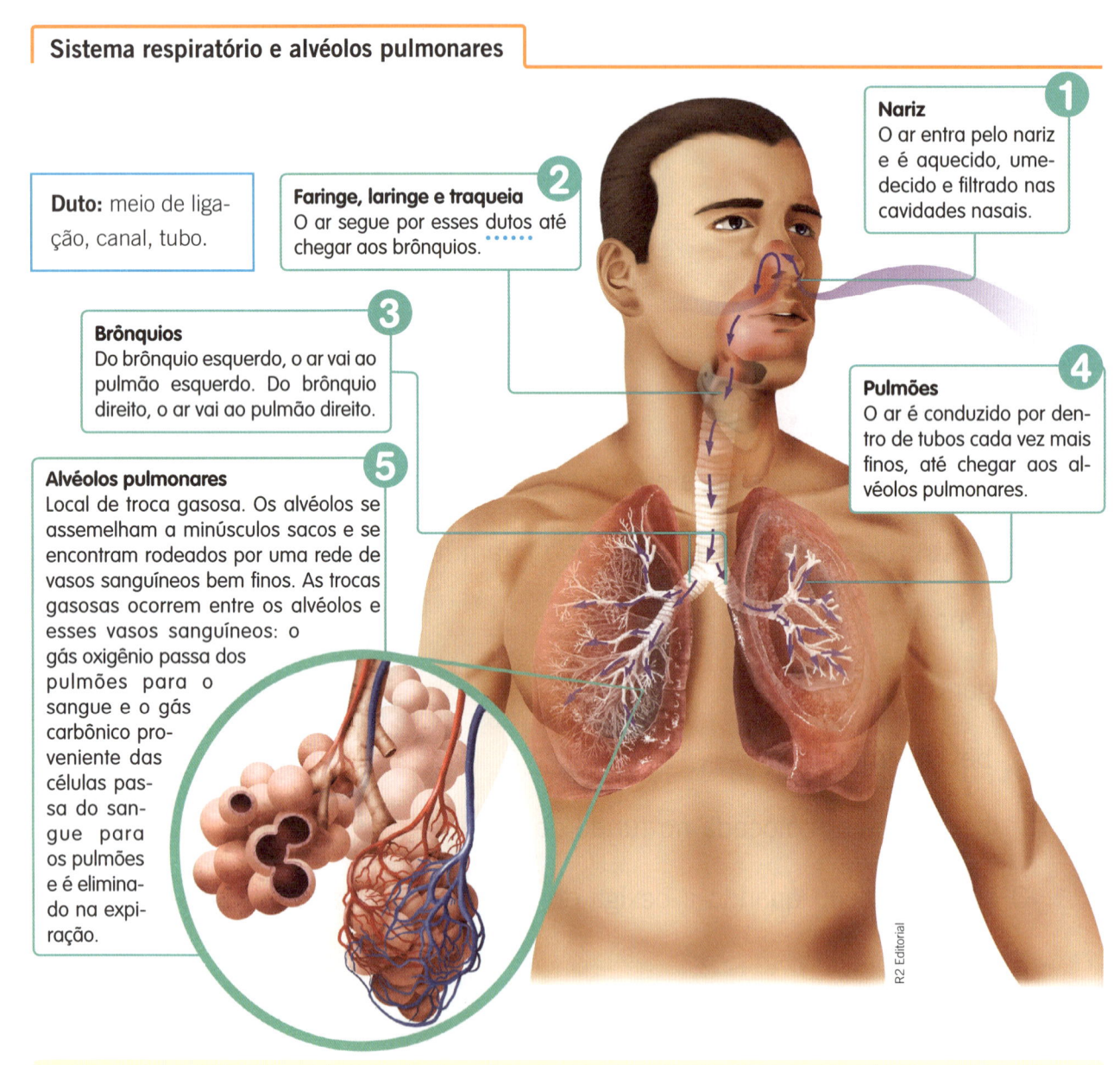

Sistema respiratório e alvéolos pulmonares

Duto: meio de ligação, canal, tubo.

1 Nariz
O ar entra pelo nariz e é aquecido, umedecido e filtrado nas cavidades nasais.

2 Faringe, laringe e traqueia
O ar segue por esses dutos até chegar aos brônquios.

3 Brônquios
Do brônquio esquerdo, o ar vai ao pulmão esquerdo. Do brônquio direito, o ar vai ao pulmão direito.

4 Pulmões
O ar é conduzido por dentro de tubos cada vez mais finos, até chegar aos alvéolos pulmonares.

5 Alvéolos pulmonares
Local de troca gasosa. Os alvéolos se assemelham a minúsculos sacos e se encontram rodeados por uma rede de vasos sanguíneos bem finos. As trocas gasosas ocorrem entre os alvéolos e esses vasos sanguíneos: o gás oxigênio passa dos pulmões para o sangue e o gás carbônico proveniente das células passa do sangue para os pulmões e é eliminado na expiração.

R2 Editorial

Esquema simplificado do sistema respiratório humano e das trocas gasosas. Os elementos não foram representados em proporção de tamanho entre si. As cores não correspondem aos tons reais. O ar puro (sem poluição) não tem cor; entretanto, foi aqui representado com ondas coloridas para fins didáticos.

Você sabia?

No interior das cavidades do nariz há pelos que ajudam a filtrar o ar que entra no nosso corpo, barrando impurezas, como a poeira. Nesses locais também ocorre produção de muco, uma substância pegajosa que também filtra o ar, além de aquecê-lo e umedecê-lo.

1. Leia o texto e responda à questão.

> As substâncias nocivas do cigarro destroem a delicada estrutura dos alvéolos. Consequentemente, a absorção do gás oxigênio fica cada vez mais difícil para os pulmões. O fumo não maltrata apenas o fumante: as pessoas próximas que respiram a fumaça do cigarro também sofrem com as substâncias nocivas dele.

■ Por que muitos fumantes se queixam de falta de ar e cansaço ao praticar poucos minutos de atividade física?

_____
_____
_____

2. Marcelo espirrou e sentiu coceira no nariz enquanto a mãe tirava o pó dos móveis da casa. A mãe acha que Marcelo é alérgico à poeira, mas o pai acha que o menino está ficando resfriado. A hipótese da mãe tem mais chance de estar correta se Marcelo...

☐ ...espirrasse e sentisse o nariz coçar toda vez que ficasse em lugares empoeirados.

☐ ...espirrasse e sentisse o nariz coçar estando tanto em locais limpos como em locais empoeirados.

3. Os gráficos mostram as quantidades de gás carbônico e gás oxigênio em dois momentos da respiração. Analise-os e responda à questão.

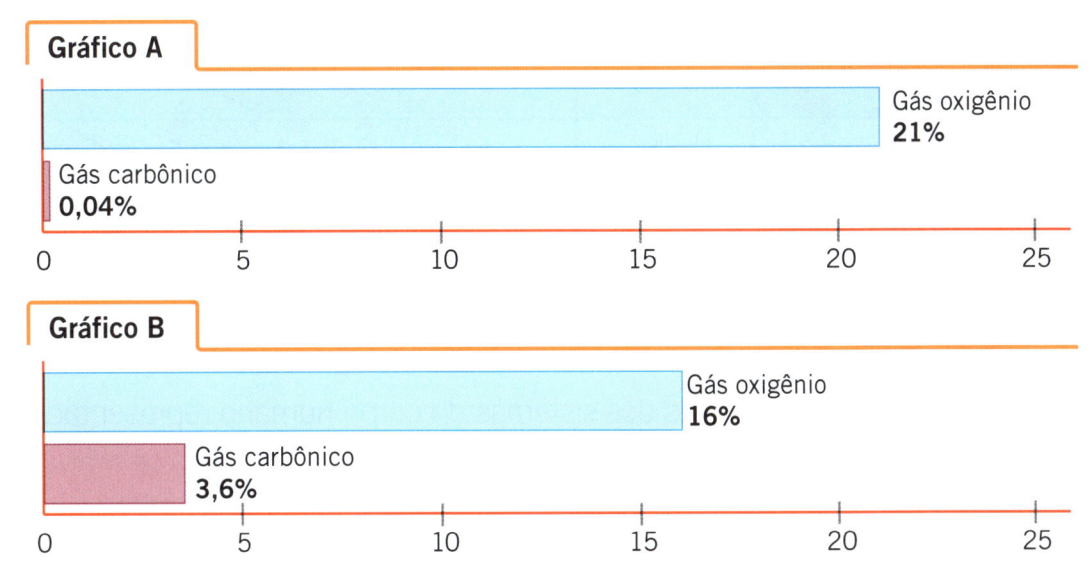

Gráfico A
- Gás oxigênio: 21%
- Gás carbônico: 0,04%

Gráfico B
- Gás oxigênio: 16%
- Gás carbônico: 3,6%

■ Qual dos gráficos representa a composição do ar que sai do corpo na expiração? Explique.

ORAL

Atividades

1. Complete o texto com as palavras dos quadros.

alimentos   digestão   nutrientes   substâncias digestivas

Durante a _____, os _____ são transformados para que os _____ possam ser aproveitados pelo corpo. Eles sofrem a ação de _____ produzidas por alguns órgãos do sistema digestório.

2. Observe as figuras e complete as legendas com os nomes dos órgãos.

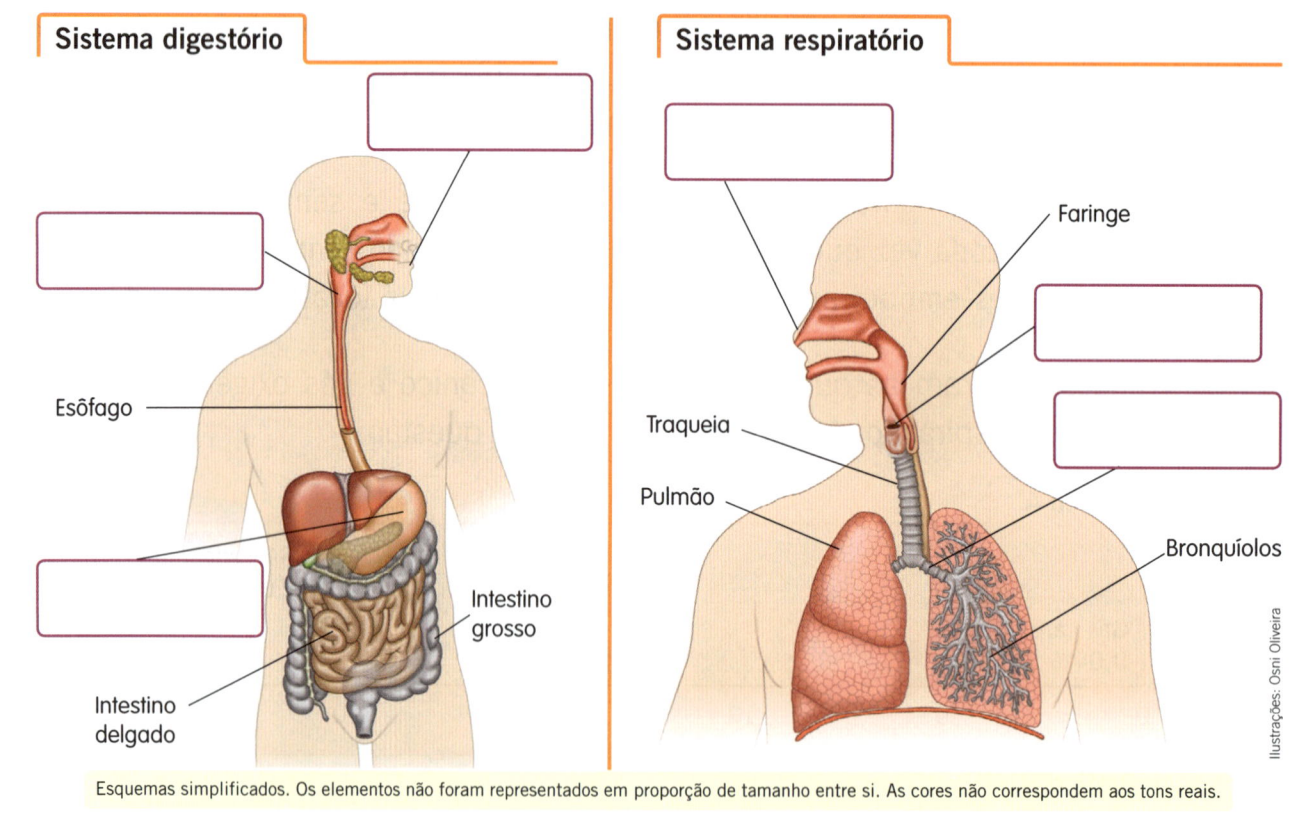

Sistema digestório

- Esôfago
- Intestino grosso
- Intestino delgado

Sistema respiratório

- Faringe
- Traqueia
- Pulmão
- Bronquíolos

Esquemas simplificados. Os elementos não foram representados em proporção de tamanho entre si. As cores não correspondem aos tons reais.

Ilustrações: Osni Oliveira

3. Quais são as principais funções dos sistemas do corpo humano representados acima?

_____

_____

■ Qual estrutura é compartilhada pelos dois sistemas? _____

66

4. Leia o texto e responda à questão no caderno.

> Por dia suas glândulas salivares botam as máquinas para funcionar e assim fabricam na sua boca cerca de 1,5 litro dessa maravilha de lubrificante que é a baba. Isso é mais ou menos [...] uns oito copos cheios de baba a cada 24 horas.
>
> Fátima Mesquita. *Almanaque de puns, melecas e coisas nojentas*. São Paulo: Panda, 2003. p. 16.

■ Além da saliva, o sistema digestório produz grande quantidade de outros líquidos, como o suco gástrico. Qual é a importância desses líquidos?

5. Destaque o esquema do sistema respiratório da página 7 do **Material Complementar** e identifique cada órgão ou parte desse sistema.

6. Dois alunos fizeram o seguinte experimento: com uma fita métrica, eles mediram a circunferência do tórax durante a inspiração e a expiração. Os resultados estão anotados a seguir. Observe os dados e responda às questões.

	Situação 1	Situação 2
Medida do tórax (em centímetros)	72	65

a) Qual situação representa a inspiração? _____
b) Em qual situação ocorre a eliminação do gás carbônico do corpo?

_____

7. Pesquisem a função da vesícula biliar e façam um resumo de suas descobertas em uma folha à parte. Depois, discutam com os colegas sobre a questão: Por que a vesícula biliar é considerada acessória ao sistema digestório? **GRUPO**

Ampliando horizontes...

livro

A incrível fábrica de cocô, xixi e pum, de Fátima Mesquita, Panda Books.
Como os alimentos se transformam para nos dar energia e viram cocô e xixi? Conheça um pouco desse processo que acontece dentro do nosso corpo.

rede de ideias

A gordura *trans*

1 Leia o texto e responda às questões a seguir.

> **WWW**
>
> ### *Trans... o quê?*
>
> **Entenda o que é a gordura de nome estranho que aparece nos rótulos das gostosuras!**
>
> A gordura chamada *trans* é a principal vilã, apesar de ser a mais eficiente em deixar os alimentos mais crocantes, sequinhos, duráveis e apetitosos. É justamente por isso que as indústrias gostam tanto de usá-la em seus produtos... Portanto, é bem comum encontrá-la em grande quantidade nas delícias industrializadas, como sorvetes, batatas fritas, pipocas, salgadinhos, biscoitos, bolos e principalmente na margarina. [...]
>
> Toda gordura engorda, mas a *trans* é distinta das outras, pois era líquida e foi transformada em sólida e essa transformação é que a torna tão maléfica. [...] essa gordura vai se acumulando em nosso corpo ao longo dos anos e pode causar doenças no coração e nas artérias. [...]
>
> [...] a Agência Nacional de Vigilância Sanitára (Anvisa) — parte do governo responsável por controlar essas questões — diz que é seguro para a saúde ingerir apenas menos de 2 g de gordura *trans* por dia. Só que essa quantidade é tão pequena que apenas as refeições dariam conta, ou seja: não sobra quase nada para as guloseimas industrializadas! E agora?!?
>
> O que podemos fazer, a partir de agora, é sempre olhar a tabelinha nas embalagens das comidas, que informa a quantidade (em gramas) dessa gordura. Dê preferência às guloseimas que não tenham as *trans*, para forçar as indústrias a se preocuparem mais com a nossa saúde e mudarem seus ingredientes para outros mais saudáveis. Você também pode fazer as contas: somar toda quantidade de gordura *trans* que comeu no dia. Se chegar à quantidade máxima, guarde o resto das guloseimas para o dia seguinte!
>
> Marina Verjovsky. Instituto Ciência Hoje/RJ, publicado em out. 2006, atualizado em jun. 2010.
> Disponível em: <http://chc.cienciahoje.uol.com.br/trans-o-que>. Acesso em: março de 2015.

a) A que grupo de nutrientes pertencem as gorduras *trans*?

_____

b) De acordo com o texto, as gorduras *trans* fazem bem à saúde? Justifique.

_____

_____

2 Segundo a Anvisa, é seguro consumir cerca de 2 g de gordura *trans* por dia. Observe os alimentos e a tabela nutricional de suas embalagens.

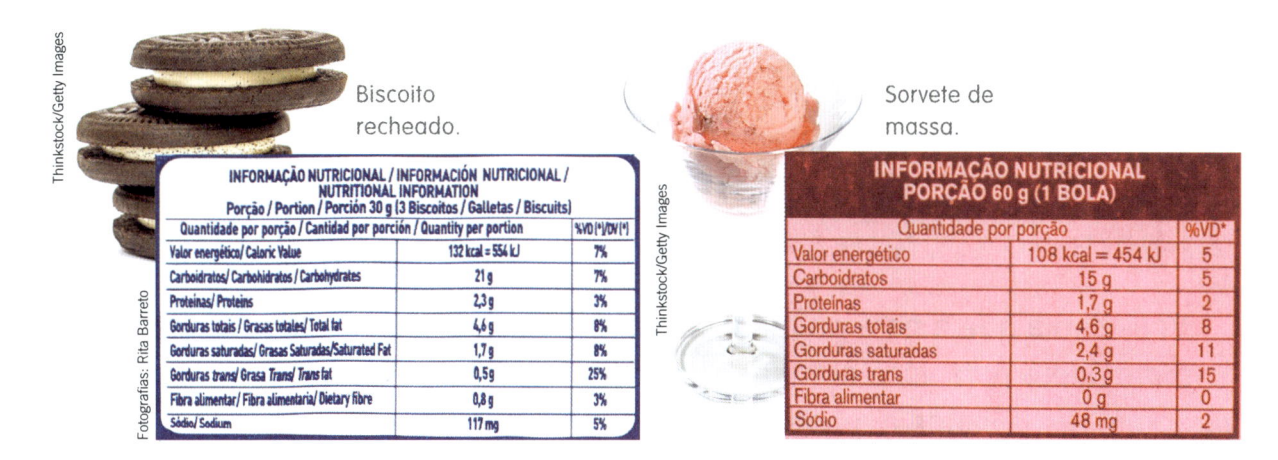

Biscoito recheado.

INFORMAÇÃO NUTRICIONAL / INFORMACIÓN NUTRICIONAL / NUTRITIONAL INFORMATION Porção / Portion / Porción 30 g (3 Biscoitos / Galletas / Biscuits)		
Quantidade por porção / Cantidad por porción / Quantity per portion		%VD (*)/DV(*)
Valor energético/ Caloric Value	132 kcal = 554 kJ	7%
Carboidratos/ Carbohidratos / Carbohydrates	21 g	7%
Proteínas/ Proteins	2,3 g	3%
Gorduras totais / Grasas totales/ Total fat	4,6 g	8%
Gorduras saturadas/ Grasas Saturadas/Saturated Fat	1,7 g	8%
Gorduras trans/ Grasa Trans/ Trans fat	0,5 g	25%
Fibra alimentar/ Fibra alimentaria/ Dietary fibre	0,8 g	3%
Sódio/ Sodium	117 mg	5%

Sorvete de massa.

INFORMAÇÃO NUTRICIONAL PORÇÃO 60 g (1 BOLA)		
Quantidade por porção		%VD*
Valor energético	108 kcal = 454 kJ	5
Carboidratos	15 g	5
Proteínas	1,7 g	2
Gorduras totais	4,6 g	8
Gorduras saturadas	2,4 g	11
Gorduras trans	0,3 g	15
Fibra alimentar	0 g	0
Sódio	48 mg	2

- Quantas porções desses alimentos poderiam ser consumidas no mesmo dia sem extrapolar a quantidade de gordura *trans* recomendada? Faça o cálculo em uma folha à parte.

3 A Anvisa determinou que os fabricantes podem colocar, nas embalagens de seus produtos, avisos como "livre de gorduras *trans*", se o alimento tiver, no máximo, 0,2 g de gorduras *trans* por porção.

ORAL

- Você acha saudável consumir alimentos industrializados sem limites quando houver um desses avisos nas embalagens? Por quê?

4 Vamos descobrir se os petiscos que você costuma consumir estão prejudicando a manutenção de uma alimentação saudável?

- Quais são as suas guloseimas prediletas? _____

_____

- Quanto de gordura *trans* elas contêm por porção? Verifique nos rótulos das embalagens. _____

_____

- O seu consumo de guloseimas está adequado ao que é recomendado para a quantidade de gordura *trans*?

☐ Sim.   ☐ Não.

69

QUAL É A PEGADA?
preservação

Na hora do recreio

Você sabia que a hora do recreio é um bom momento para você praticar ações que garantam a sua saúde e ainda preservem o ambiente? Veja algumas dicas.

Os alimentos industrializados, refrigerantes e frituras podem ser substituídos por alimentos naturais e mais saudáveis.

É preciso evitar o desperdício de alimentos. Pegue apenas o que vai consumir, evitando jogar comida no lixo.

É possível usar produtos biodegradáveis na limpeza, evitando despejar no esgoto produtos que agridem o ambiente.

CUIDADO PISO MOLHADO

Atualmente há normas que visam melhorar os lanches servidos nas escolas. A intenção é reduzir a oferta de alimentos de pouco valor nutritivo e com excesso de açúcar, sal e gordura, garantindo, assim, uma alimentação mais saudável para os alunos e outros integrantes da escola.

É preciso coletar a sobra de óleo de cozinha de forma adequada, evitando que ele contamine o solo e os rios. Há empresas especializadas na coleta desse material.

Lembre-se de descartar o lixo de forma apropriada.

1. O que você costuma comer na hora do lanche na escola? **ORAL**

2. Se a escola onde você estuda tem cantina, quais são os alimentos mais consumidos pelos alunos na hora do intervalo? **ORAL**

3. Você já pensou em como é possível cuidar da saúde na hora do recreio? **ORAL**

4. Proponham mudanças para os alimentos vendidos na cantina ou para as merendas servidas na escola onde estudam. Compartilhem suas ideias com os colegas e ouçam as sugestões deles. **DUPLA**

UNIDADE 4

A circulação e a excreção

Converse com os colegas e responda às questões.

1. Vocês já jogaram handebol ou qualquer outro jogo com bola? Como ficam as batidas do coração durante uma atividade física?

2. Quando jogamos handebol ou outro jogo com bola, suamos muito. De onde vem o suor e por que suamos?

3. Por que é importante beber água durante e após a prática de uma atividade física que nos faz suar muito? E por que sentimos vontade de fazer xixi depois de tomar muita água?

O sistema cardiovascular

> Coloque a mão sobre o peito e sinta seu coração bater. Por que ele bate? **ORAL**

O sistema cardiovascular é composto pelo coração, pelos vasos sanguíneos e pelo sangue.

Além de transportar substâncias pelo corpo, o sangue também é importante para a proteção do organismo, pois nele existem elementos e células capazes de combater doenças e cicatrizar feridas.

Sistema cardiovascular

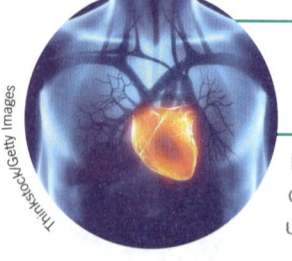

O **coração** é um órgão musculoso que, por meio de seus batimentos, impulsiona o sangue, fazendo-o circular pelos vasos sanguíneos.

Representação que mostra a localização do coração em uma criança.

Os **vasos sanguíneos** são tubos por onde circula o sangue. Artérias, veias e capilares são tipos de vasos sanguíneos.
- As **artérias** levam o sangue do coração para todo o corpo.
- As **veias** conduzem o sangue de todo o corpo para o coração.
- Os **capilares** são vasos sanguíneos extremamente finos que fazem a comunicação entre as veias e as artérias.

É possível enxergar alguns vasos sanguíneos sob a pele muito fina e clara.

O **sangue** é um líquido avermelhado que tem, entre outras funções, a de transportar substâncias como nutrientes e gases respiratórios por todo o corpo.

Enfermeira segurando bolsas de sangue para doação.

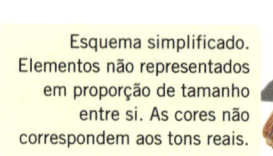

Esquema simplificado. Elementos não representados em proporção de tamanho entre si. As cores não correspondem aos tons reais.

As **hemácias** (ou glóbulos vermelhos) e os **leucócitos** (ou glóbulos brancos) são células presentes no sangue. Os leucócitos são células de defesa do organismo.

As **plaquetas** são fragmentos de células presentes no sangue, e não células propriamente ditas.

Você sabia?

As plaquetas atuam na formação da "casquinha" dos machucados, o que evita a perda de sangue e a entrada de microrganismos através do ferimento.

É importante tratar dos machucados para evitar infecções.

O sangue não é igual em todas as pessoas. Por isso, diz-se que cada pessoa tem um tipo sanguíneo específico. No sistema ABO, por exemplo, há os tipos de sangue A, B, AB e O.

Na população brasileira temos aproximadamente:

- 45% de pessoas com tipo sanguíneo O
- 42% de pessoas com tipo sanguíneo A
- 10% de pessoas com tipo sanguíneo B
- 3% de pessoas com tipo sanguíneo AB.

O corpo humano tem cerca de 100 mil quilômetros de vasos sanguíneos. Isso seria suficiente para dar duas voltas e meia em torno da Terra.

Elaborado com base em: Gerard J. Tortora e Sandra R. Grabowski. *Corpo humano*: fundamentos de anatomia e fisiologia. 6. ed. Porto Alegre: Artmed, 2006. p. 403; Banco de sangue de Caxias do Sul. Disponível em: <www.bancodesangue.com.br>. Acesso em: março de 2015.

1. Para doar e receber sangue, é preciso conhecer o próprio tipo sanguíneo.

a) Qual é o seu tipo sanguíneo? Se não souber, pergunte a seus responsáveis. **ORAL**

b) Em sala de aula, o professor vai registrar na lousa o tipo sanguíneo de todos os alunos. Complete a tabela e responda às questões.

Tipo sanguíneo	Número de pessoas
A	
B	
AB	
O	
Total	

- Qual é o tipo sanguíneo mais comum na classe? _____
- Qual é o tipo sanguíneo mais raro na classe? _____

O coração e a circulação do sangue

> - Você já deve ter percebido que, às vezes, a frequência dos seus batimentos cardíacos aumenta. Quando isso acontece?

ORAL

O coração fica entre os dois pulmões e é protegido pelas costelas. Ele é um órgão oco e dentro dele há câmaras, que são cavidades por onde o sangue circula.

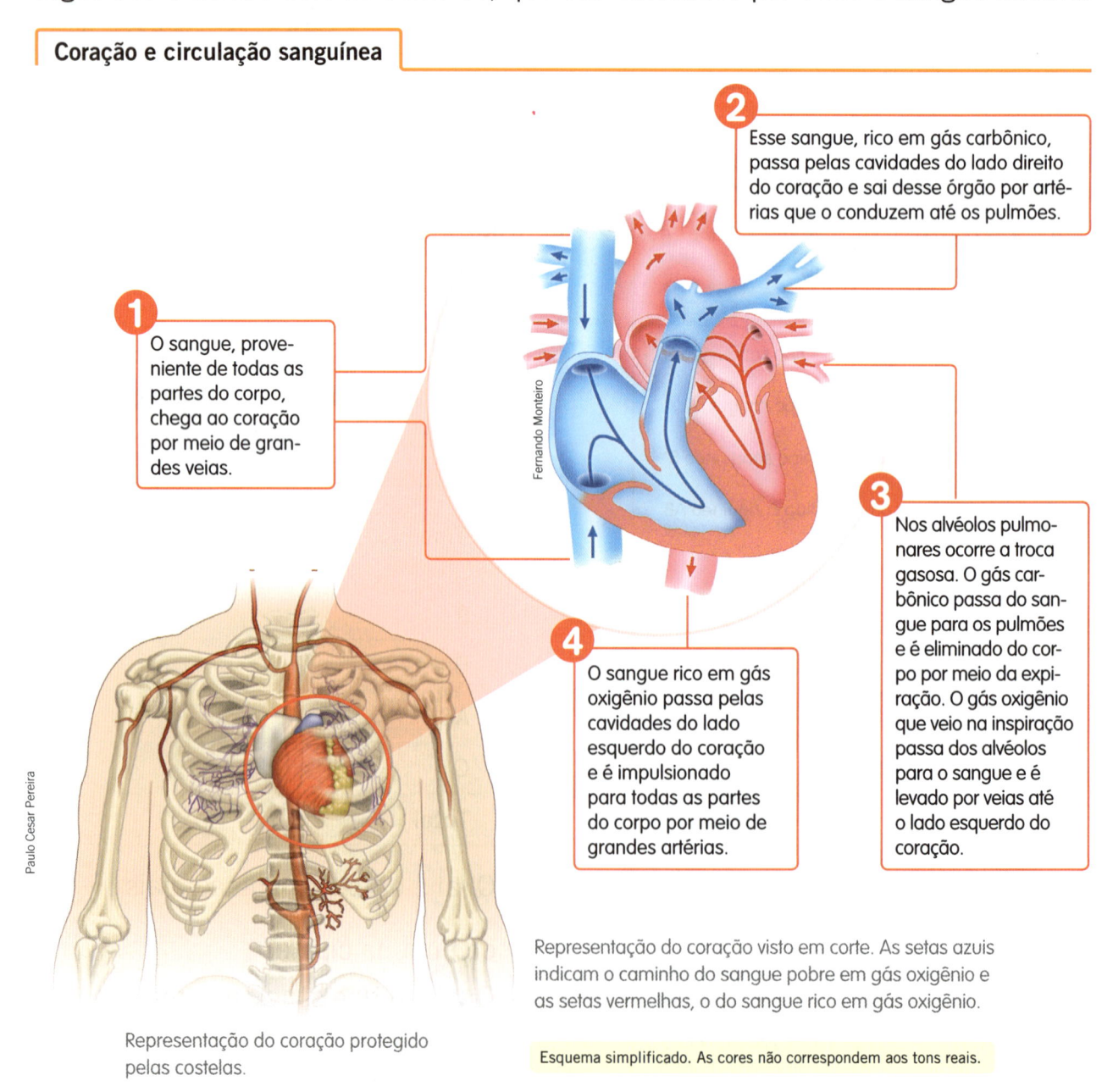

Coração e circulação sanguínea

1 O sangue, proveniente de todas as partes do corpo, chega ao coração por meio de grandes veias.

2 Esse sangue, rico em gás carbônico, passa pelas cavidades do lado direito do coração e sai desse órgão por artérias que o conduzem até os pulmões.

3 Nos alvéolos pulmonares ocorre a troca gasosa. O gás carbônico passa do sangue para os pulmões e é eliminado do corpo por meio da expiração. O gás oxigênio que veio na inspiração passa dos alvéolos para o sangue e é levado por veias até o lado esquerdo do coração.

4 O sangue rico em gás oxigênio passa pelas cavidades do lado esquerdo do coração e é impulsionado para todas as partes do corpo por meio de grandes artérias.

Representação do coração protegido pelas costelas.

Representação do coração visto em corte. As setas azuis indicam o caminho do sangue pobre em gás oxigênio e as setas vermelhas, o do sangue rico em gás oxigênio.

Esquema simplificado. As cores não correspondem aos tons reais.

> **Você sabia?**
>
> O sistema cardiovascular também é chamado de sistema circulatório. Esse nome provém do latim *circulatorium*, que significa movimento circular, indicando a trajetória contínua que o sangue percorre no corpo.

1. Sobre a circulação sanguínea, responda às perguntas.

   a) O sangue rico em gás oxigênio passa por qual lado do coração?

   ☐ Direito.   ☐ Esquerdo.

   b) Para onde vai o sangue rico em gás carbônico?

   ☐ Para os pulmões.   ☐ Para todas as partes do corpo.

   c) De onde vem o gás carbônico presente no sangue?

   _____

2. Leia o texto e responda à questão.

   www

   ### Como é feito um transplante de coração?

   [...] em dezembro de 1967, todos ficaram assombrados quando o médico sul-africano Christiaan Barnard fez o primeiro transplante de coração inter-humanos. Apenas cinco meses depois, em maio de 1968, o cirurgião brasileiro Euryclides de Jesus Zerbini, que havia estudado com Barnard nos Estados Unidos, fazia o primeiro transplante na América Latina e o quinto do mundo! Apesar de hoje essa operação ser superconhecida, ela só é utilizada como último recurso. "Primeiro tentamos o uso de medicamentos ou uma cirurgia convencional. O transplante só é indicado para pacientes em fase de evolução avançada de uma doença cardíaca", diz o cirurgião cardíaco Noedir Stolf, chefe do setor de transplantes do Instituto do Coração (Incor), de São Paulo. Isso porque a operação envolve vários fatores de risco, como infecções e a possibilidade de o novo coração ser rejeitado pelo organismo do paciente. [...]

   Dante Grecco. *Mundo estranho*. São Paulo: Abril. Disponível em: <http://mundoestranho.abril.com.br/materia/como-e-feito-um-transplante-de-coracao>. Acesso em: março de 2015.

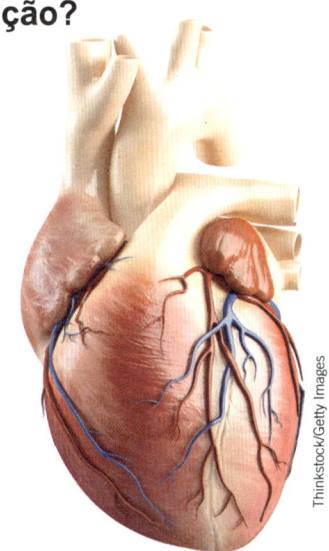

   Em um transplante, o coração novo é costurado pelos átrios e pelas artérias.

   ■ Qual órgão é mencionado no texto e qual sua função?

   _____

   _____

Gente que faz!

Medindo a frequência cardíaca

A frequência cardíaca é caracterizada pelo número de vezes que o coração se contrai e relaxa, ou seja, o número de vezes que o coração bate por minuto.

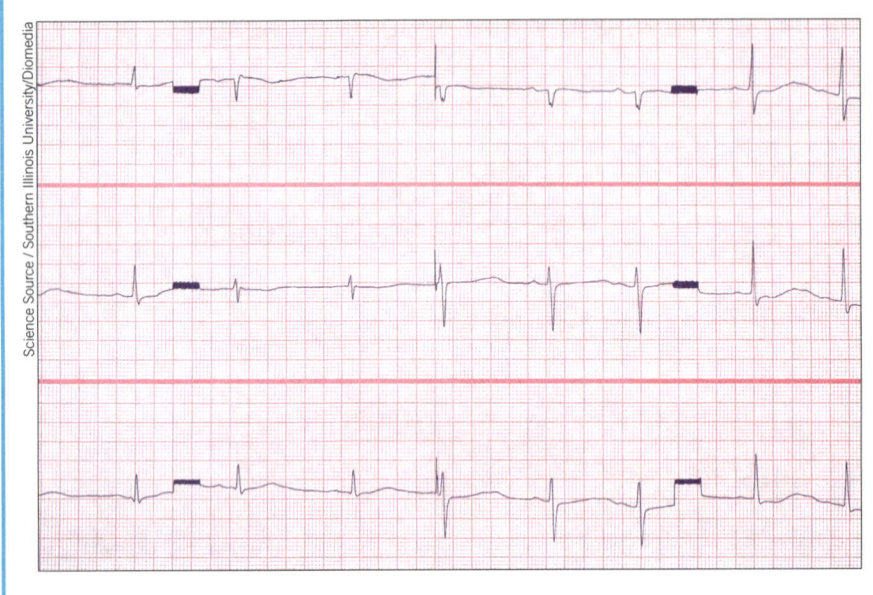

Uma das maneiras de medir a frequência cardíaca é fazer um exame chamado eletrocardiograma. Nele, os movimentos do coração são registrados e impressos em papel, para que o médico possa avaliar se o paciente apresenta alguma anormalidade.

Materiais

- Cronômetro
- Lápis

Procedimentos — DUPLA

1. Para começar, a dupla deve permanecer sentada por alguns minutos, respirando lentamente.
2. Quando se sentirem descansados, eleger um componente da dupla para medir a pulsação do outro: quem mede deverá colocar os dedos indicador e médio da mão esquerda na região do pulso ou na lateral do pescoço do colega e fazer uma leve pressão até sentir a pulsação.
3. O colega que mede deve contar o número de pulsações durante 10 segundos.
4. Depois, basta multiplicar esse número por 6 para conhecer o número de batimentos cardíacos em um minuto.
5. Esse resultado deve ser registrado na tabela a seguir.

Nome do aluno	Frequência cardíaca em repouso (batimentos por minuto)	Frequência cardíaca após atividade física leve (batimentos por minuto)	Frequência cardíaca após atividade física intensa (batimentos por minuto)

6. O procedimento deve ser repetido com os colegas trocando de papéis: quem teve a pulsação aferida mede a do outro e registra o resultado na tabela.

7. Agora o colega que acabou de ter a pulsação medida deve marcar 3 minutos no cronômetro. Ao iniciar a contagem do tempo, o outro colega deve andar, de forma moderada, sem correr, até que terminem os três minutos.

8. A frequência cardíaca de quem andou por três minutos deve ser medida novamente e o resultado anotado na tabela.

9. Novamente, invertam os papéis e registrem os resultados.

10. Depois de fazer as medições da frequência cardíaca após um esforço físico leve, vocês vão medi-la após um esforço físico mais intenso. Para isso, escolham uma atividade para ser realizada durante três minutos: corrida, pular corda ou fazer polichinelos, por exemplo.

11. Escolhida a atividade, repitam o processo: um colega marca o tempo, conta e registra as pulsações de quem praticou a atividade e invertam os papéis.

1 Vocês observaram alguma diferença entre os **resultados** das medições da frequência cardíaca em repouso e após a atividade física?

_____

_____

2 Refletindo sobre os **resultados**, o que é possível dizer sobre a atividade do seu coração durante o esforço físico?

☐ Aumenta.   ☐ Não se altera.   ☐ Diminui.

3 Você notou outras modificações no seu corpo durante a prática de atividade física intensa? Quais?

_____

_____

4 **Conclusão:** O que acontece com nosso coração quando praticamos atividades físicas? Por que isso ocorre?

ORAL

O sistema urinário

ORAL

A estátua do menino urinando que você vê acima fica na Bélgica e se chama Manneken Pis. Pensando nela, responda: por que urinamos?

O corpo precisa de energia para funcionar e essa energia é obtida por meio de um conjunto de reações químicas que envolve os nutrientes dos alimentos e o gás oxigênio obtido na respiração. Nesse conjunto de reações, e em muitas outras reações do organismo, são produzidas substâncias que precisam ser eliminadas do corpo, como o gás carbônico, por exemplo.

Tais substâncias recebem o nome de **resíduos** e, se não forem eliminadas, podem prejudicar o funcionamento do organismo.

Enquanto o gás carbônico é descartado através da expiração, a maior parte dos demais resíduos é eliminada pelo **sistema urinário** por meio da urina.

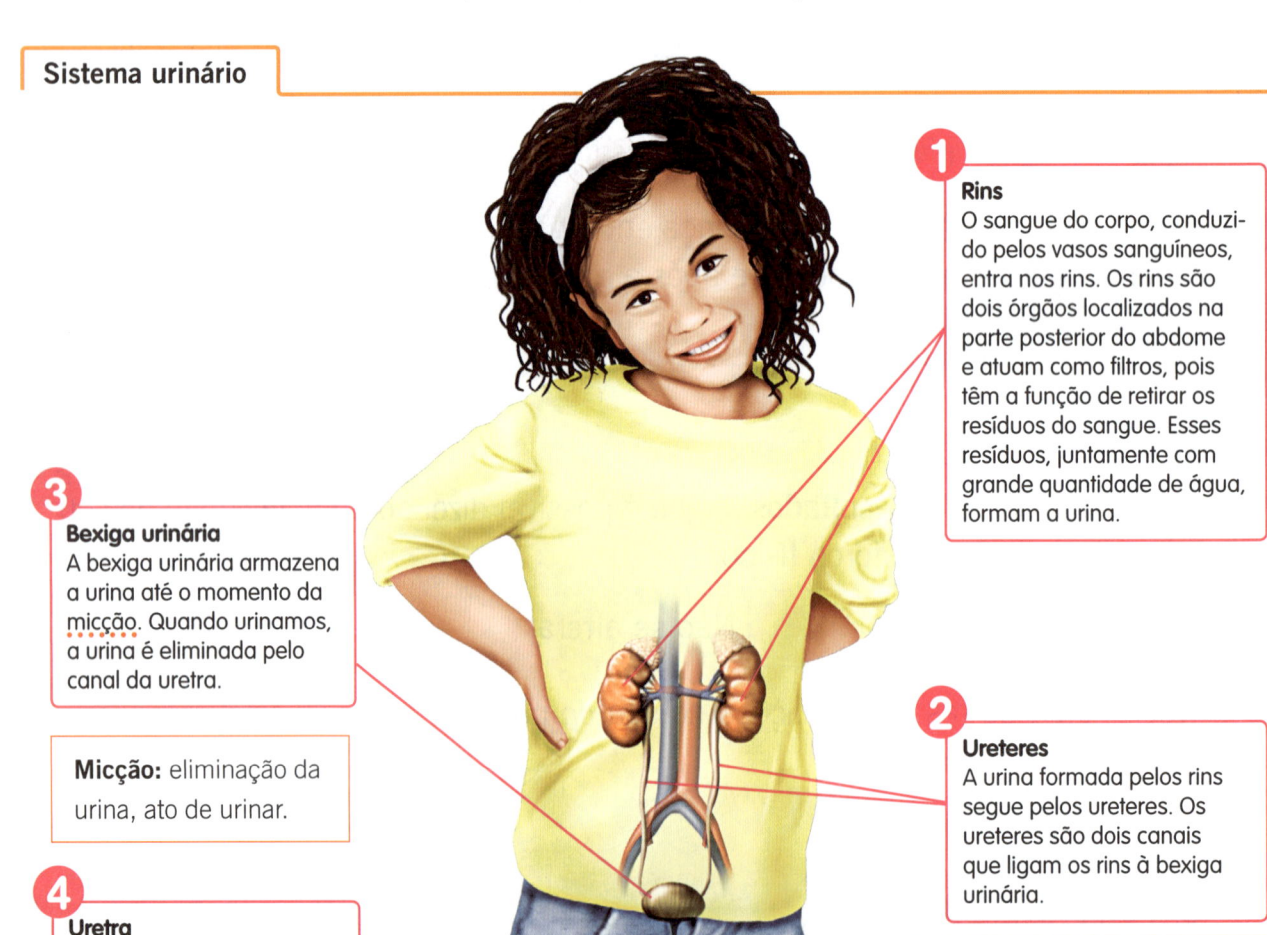

Sistema urinário

1 Rins
O sangue do corpo, conduzido pelos vasos sanguíneos, entra nos rins. Os rins são dois órgãos localizados na parte posterior do abdome e atuam como filtros, pois têm a função de retirar os resíduos do sangue. Esses resíduos, juntamente com grande quantidade de água, formam a urina.

2 Ureteres
A urina formada pelos rins segue pelos ureteres. Os ureteres são dois canais que ligam os rins à bexiga urinária.

3 Bexiga urinária
A bexiga urinária armazena a urina até o momento da micção. Quando urinamos, a urina é eliminada pelo canal da uretra.

Micção: eliminação da urina, ato de urinar.

4 Uretra
A uretra é o canal que liga a bexiga urinária ao meio externo do corpo.

Esquema simplificado. Elementos não representados em proporção de tamanho entre si. As cores não correspondem aos tons reais.

O sistema urinário feminino e o masculino têm algumas diferenças: a bexiga masculina é um pouco maior que a feminina e a uretra feminina é mais curta que a masculina.

Sistema urinário feminino	Sistema urinário masculino
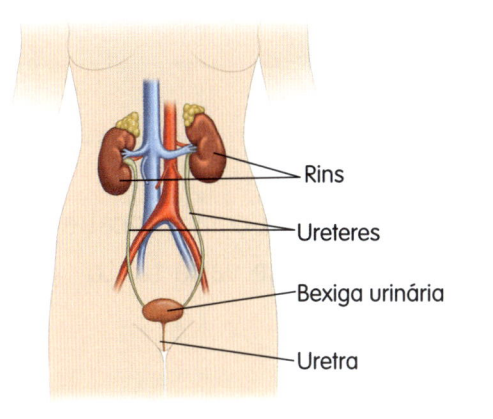 Rins, Ureteres, Bexiga urinária, Uretra	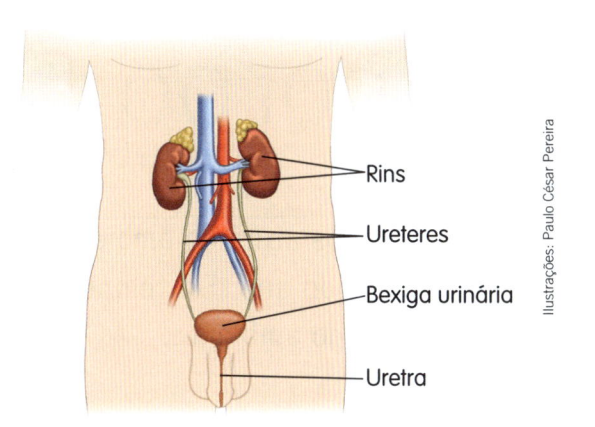 Rins, Ureteres, Bexiga urinária, Uretra

Ilustrações: Paulo César Pereira

Esquemas simplificados. Elementos não representados em proporção de tamanho entre si. As cores não correspondem aos tons reais.

1. No intestino vivem bactérias que, em certo número, não nos prejudicam. Às vezes, porém, essas bactérias atingem órgãos do sistema urinário, podendo causar infecções urinárias. Pensando nisso, responda: por que as infecções urinárias são mais comuns nas mulheres que nos homens?

ORAL

2. Leia o texto e responda às questões a seguir no caderno.

www

Por que o xixi muda de cor?

Ele pode mudar de cor por causa de pigmentos contidos em alguns alimentos e remédios que ingerimos ou em decorrência de alguma doença. Em condições normais, a coloração do xixi varia de um amarelo clarinho, quase transparente, até o amarelo-escuro. Esse tom amarelado vem de três pigmentos sanguíneos – o urocromo, a bilirrubina e a creatinina –, que são filtrados pelo rim enquanto a urina é produzida. Quanto mais água ingerimos, mais diluímos esses pigmentos e, consequentemente, mais claro fica o xixi. "Por isso, urina clara é quase sempre sinal de que estamos bem hidratados", diz Cláudio L., nefrologista do Hospital das Clínicas, em São Paulo. [...]

Diluir: nesse contexto significa misturar em água, deixar menos concentrado.

Gabriela Portilho. *Mundo estranho*. Disponível em: <www.casa.abril.com.br/materia/por-que-o-xixi-muda-de-cor>. Acesso em: março de 2015.

a) É importante verificar a cor de nossa urina todos os dias? Por quê?
b) A água é importante para a saúde, especialmente do sistema urinário. Os médicos recomendam beber bastante líquido ao longo do dia. Associe essa recomendação com a composição da urina e sua cor.

Organização e funcionamento do corpo humano

> A temperatura do ambiente pode variar muito, de acordo com o local e a estação do ano. E a temperatura do seu corpo? Já notou se varia tanto quanto a do ambiente?
>
> **ORAL**

O corpo humano é capaz de manter a temperatura constante mesmo quando a temperatura do ambiente varia. Ele também mantém níveis adequados de nutrientes no sangue, inclusive nos intervalos em que não nos alimentamos.

No corpo há diferentes níveis de organização. Veja um exemplo no esquema a seguir.

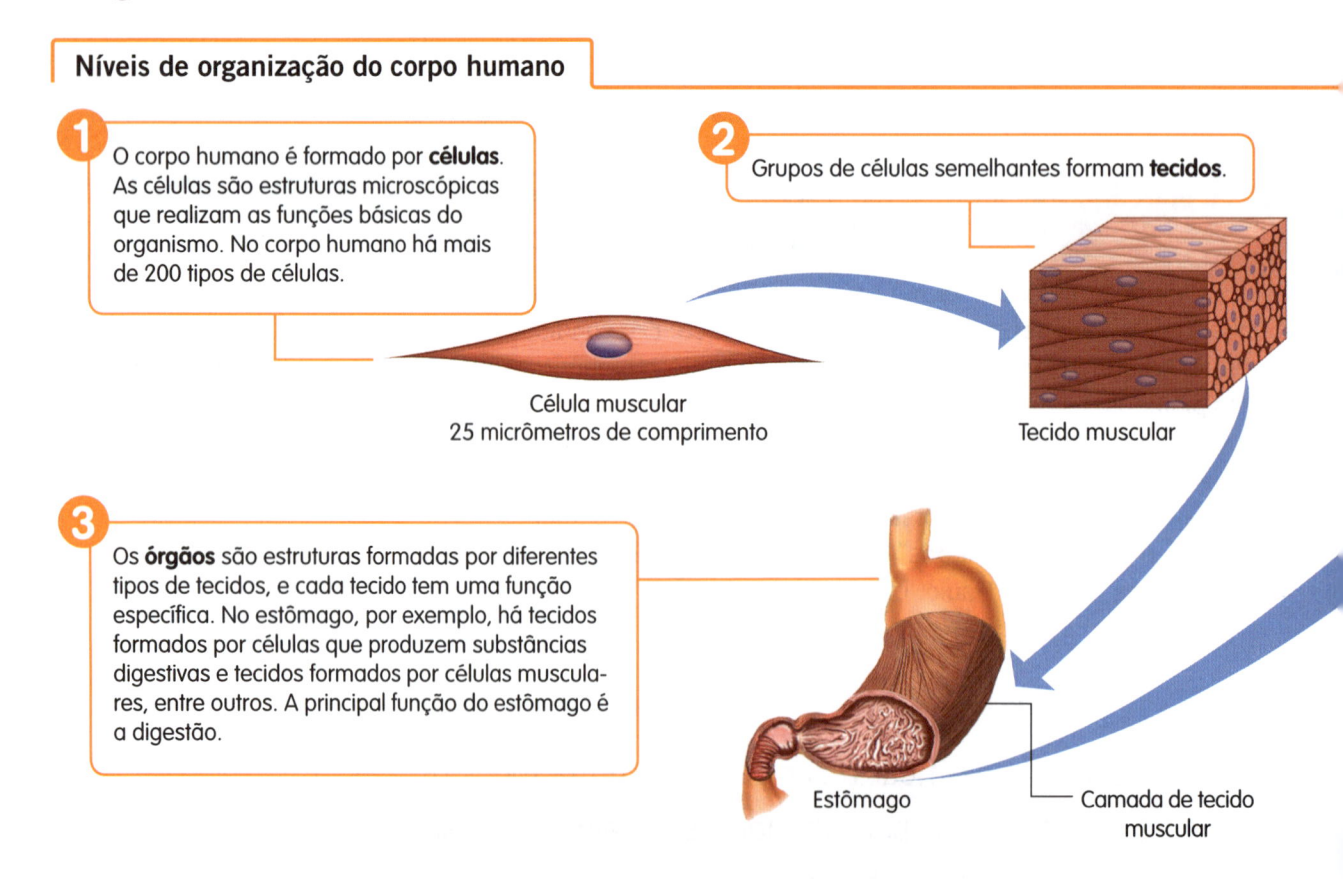

Níveis de organização do corpo humano

1 O corpo humano é formado por **células**. As células são estruturas microscópicas que realizam as funções básicas do organismo. No corpo humano há mais de 200 tipos de células.

Célula muscular
25 micrômetros de comprimento

2 Grupos de células semelhantes formam **tecidos**.

Tecido muscular

3 Os **órgãos** são estruturas formadas por diferentes tipos de tecidos, e cada tecido tem uma função específica. No estômago, por exemplo, há tecidos formados por células que produzem substâncias digestivas e tecidos formados por células musculares, entre outros. A principal função do estômago é a digestão.

Estômago

Camada de tecido muscular

Elaborado com base em: Gerard J. Tortora e Sandra Grabowski. *Corpo humano*: fundamentos de anatomia e fisiologia. 6. ed. Porto Alegre: Artmed, 2006. p. 3.

Todos os níveis de organização do corpo humano contribuem para manter as condições do organismo estáveis, ainda que ocorram mudanças dentro e fora do corpo.

Conforme envelhecemos, o corpo vai perdendo a capacidade de manter suas condições constantes. Percebe-se isso pelos sinais que o organismo apresenta ao envelhecer: a pele fica enrugada e a força muscular diminui, por exemplo.

1. Destaque dos **Adesivos** os elementos que formam um organismo e cole-os abaixo, na ordem do elemento mais simples ao mais complexo.

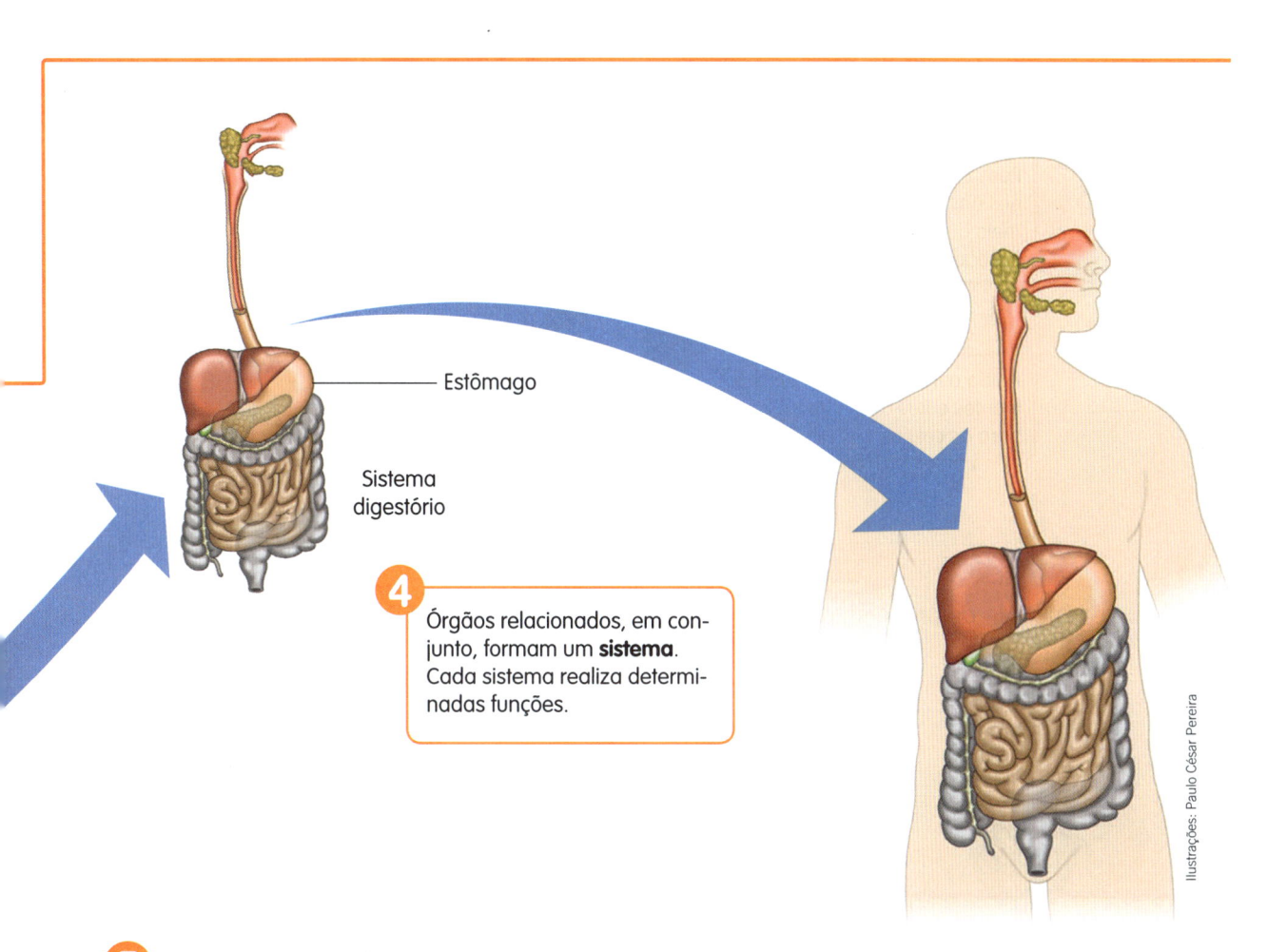

Estômago

Sistema digestório

4 Órgãos relacionados, em conjunto, formam um **sistema**. Cada sistema realiza determinadas funções.

5 Os sistemas atuam juntos para manter todo o organismo em funcionamento. O corpo trabalha em conjunto: para obter energia, as células utilizam o gás oxigênio captado pelo **sistema respiratório** e os nutrientes captados pelo **sistema digestório**. O **sistema cardiovascular** distribui essas substâncias para as células e recolhe seus resíduos. Os resíduos, por sua vez, são eliminados pelo **sistema urinário**.

Ilustrações: Paulo César Pereira

Esquema simplificado. Elementos não representados em proporção de tamanho entre si. As cores não correspondem aos tons reais.

A desidratação

A água é essencial para o funcionamento do sistema urinário e do organismo como um todo. Conheça algumas funções da água em nosso corpo.

Funções da água

- Ajuda a regular a temperatura do corpo
- Remove as toxinas
- Reduz a sobrecarga nos rins e no fígado por meio da eliminação de resíduos
- Ajuda a transportar nutrientes e gás oxigênio para as células
- Lubrifica as articulações
- Ajuda a proteger órgãos vitais e tecidos
- Ajuda a prevenir prisão de ventre
- Ajuda a converter alimento em energia
- Ajuda a dissolver minerais e outros nutrientes

Thinkstock/Getty Images

Mais da metade do organismo é composta de água. A água constitui:

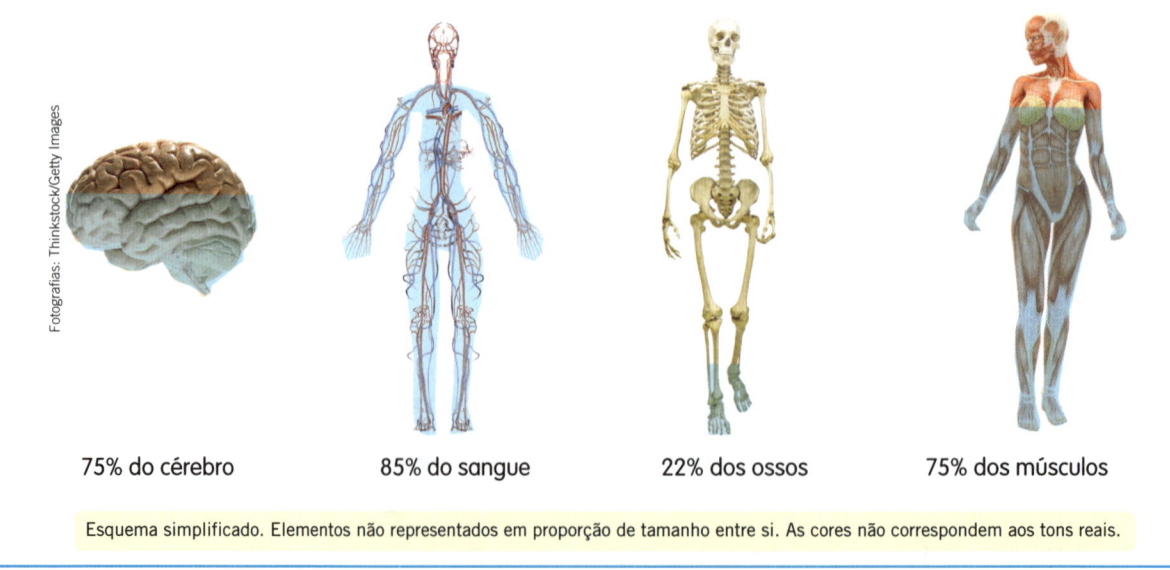

Fotografias: Thinkstock/Getty Images

75% do cérebro   85% do sangue   22% dos ossos   75% dos músculos

Esquema simplificado. Elementos não representados em proporção de tamanho entre si. As cores não correspondem aos tons reais.

84

Em certas situações, no entanto, o corpo perde muita água, deixando a pessoa debilitada. Esse quadro é chamado de **desidratação**.

A causa mais comum de desidratação é diarreia ou vômito intensos. A exposição prolongada ao calor também pode causar a desidratação do organismo.

Em caso de desidratação, uma forma de repor a água perdida pelo organismo é a ingestão de soro oral.

Os postos de saúde e as unidades da rede Farmácia Popular distribuem um preparo pronto, pois a maioria das pessoas prepara o soro caseiro de maneira errada.

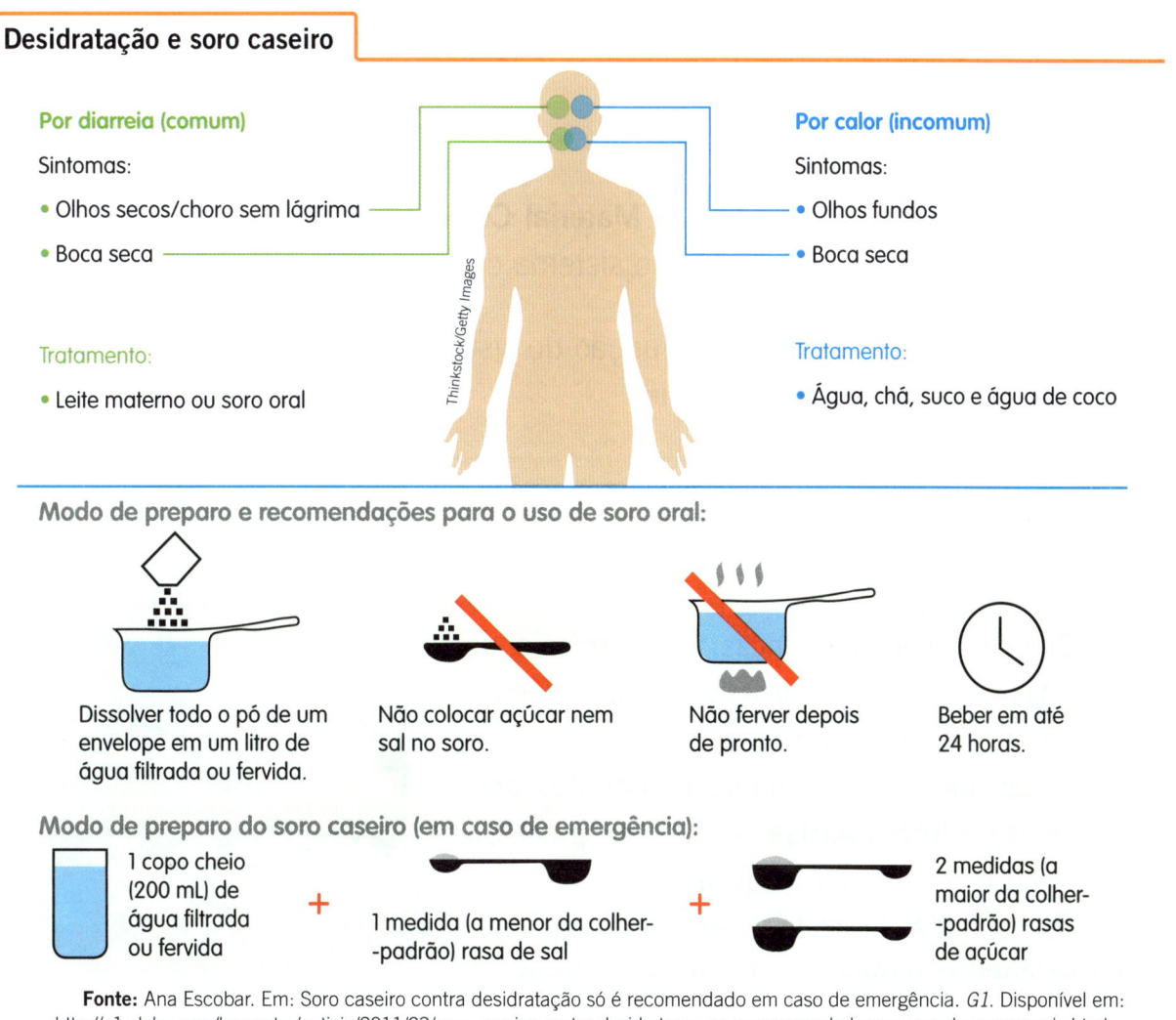

Desidratação e soro caseiro

Por diarreia (comum)

Sintomas:
- Olhos secos/choro sem lágrima
- Boca seca

Tratamento:
- Leite materno ou soro oral

Por calor (incomum)

Sintomas:
- Olhos fundos
- Boca seca

Tratamento:
- Água, chá, suco e água de coco

Modo de preparo e recomendações para o uso de soro oral:

- Dissolver todo o pó de um envelope em um litro de água filtrada ou fervida.
- Não colocar açúcar nem sal no soro.
- Não ferver depois de pronto.
- Beber em até 24 horas.

Modo de preparo do soro caseiro (em caso de emergência):

1 copo cheio (200 mL) de água filtrada ou fervida + 1 medida (a menor da colher-padrão) rasa de sal + 2 medidas (a maior da colher-padrão) rasas de açúcar

Fonte: Ana Escobar. Em: Soro caseiro contra desidratação só é recomendado em caso de emergência. *G1*. Disponível em: <http://g1.globo.com/bemestar/noticia/2011/03/soro-caseiro-contra-desidratacao-so-e-recomendado-em-caso-de-emergencia.html>. Acesso em: março de 2015.

O soro caseiro é composto de água, sal e açúcar. Porém, se a quantidade de sal e açúcar adicionados à água não for correta, a ingestão dessa mistura pode prejudicar ainda mais o organismo do doente. Por isso, o Ministério da Saúde adverte: o soro caseiro contra desidratação só é recomendado em caso de emergência e deve-se ficar atento às quantidades corretas de sal e de açúcar adicionados à água! A Unicef recomenda o uso de uma colher-padrão, fornecida em postos de saúde.

Atividades

1. Em uma aula de Ciências, o professor mostrou um coração de boi aos alunos. Ao cortar o coração ao meio, os alunos observaram "buracos" no interior do órgão. Pensando nisso, responda às questões.

    a) O que são os "buracos" no coração do boi? Eles também existem no coração humano?

    _____

    b) O que havia no interior dos "buracos" do coração do boi enquanto ele estava vivo? _____

2. Destaque a tabela da página 3 do **Material Complementar** e complete-a com as principais funções de cada parte do sistema cardiovascular.

3. É correto afirmar que a principal função do sistema urinário é eliminar a água do corpo por meio da urina? Justifique.

    _____

4. Leia o texto e responda à questão.

    > Devido a certas doenças, o organismo de algumas pessoas não consegue filtrar adequadamente o sangue. Com isso, para fazer o trabalho de limpeza do sangue, os doentes precisam fazer **hemodiálise**, que é um processo artificial realizado por máquinas.
    >
    > Na hemodiálise, todo o sangue do paciente passa pelas máquinas por meio de um tubo. As máquinas então removem os resíduos do sangue e o devolvem purificado ao corpo.

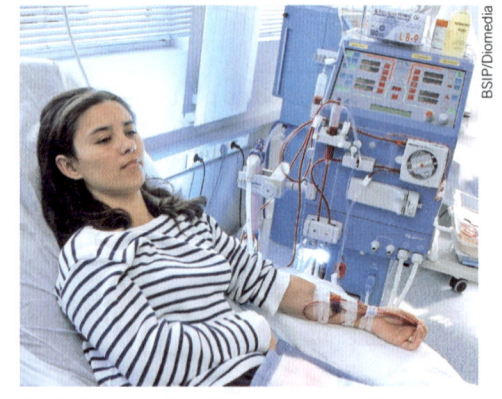

    Pacientes que têm dificuldade para filtrar o sangue precisam fazer hemodiálise de três a quatro vezes por semana.

    ■ A máquina de hemodiálise realiza o trabalho de qual órgão do corpo dos pacientes? Justifique.

    _____
    _____

5. Relacione cada figura ao nível de organização correspondente.

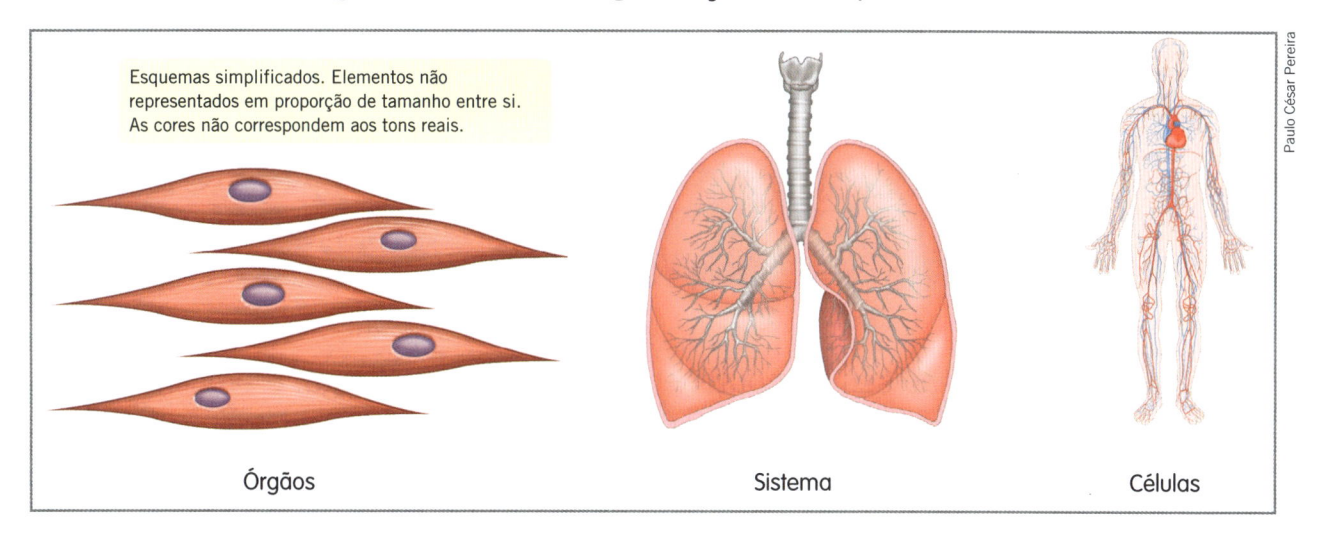

Esquemas simplificados. Elementos não representados em proporção de tamanho entre si. As cores não correspondem aos tons reais.

Órgãos Sistema Células

6. Observe as imagens e responda às questões.

Vias de trânsito. Fotografia feita em 2013, nos Estados Unidos.

Filtro de água doméstico.

a) O sistema cardiovascular pode ser comparado à imagem **A** ou **B**? E o sistema urinário? Por quê?

___

___

___

Ampliando horizontes...

livro

Turma da Mônica: **descobrindo o corpo humano**, de Mauricio de Sousa. São Paulo: Melhoramentos.
Escrito em versos, o livro busca apresentar, por meio das personagens da Turma da Mônica, informações sobre o corpo humano.

rede de ideias

Doação de órgãos e tecidos

Quando uma peça do seu computador ou *video game* estraga, é preciso trocá-la por uma que funcione, nova ou usada. Com o nosso corpo é parecido: quando um órgão para de funcionar, em alguns casos, é possível substituí-lo. Esse procedimento é chamado de **transplante**, e, por meio dele, milhares de pessoas podem ser salvas.

Para ser doador, não é necessário deixar documento por escrito. Cabe aos familiares autorizar a retirada de órgãos, desde que a morte encefálica do paciente tenha sido constatada. Veja a seguir o tempo máximo para retirada e conservação de alguns órgãos.

Morte encefálica: morte com base na ausência de todas as funções neurológicas.

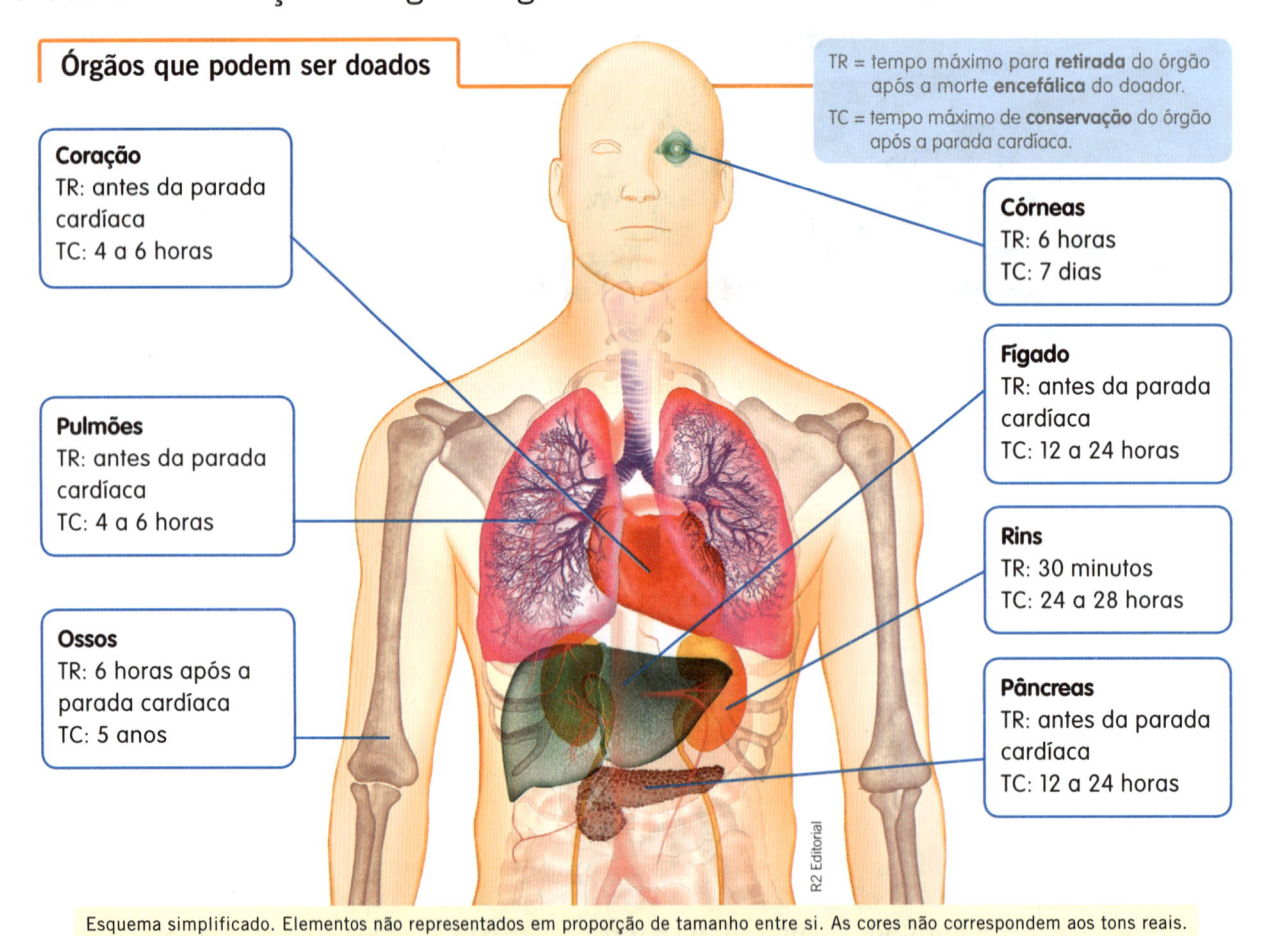

Órgãos que podem ser doados

TR = tempo máximo para **retirada** do órgão após a morte **encefálica** do doador.
TC = tempo máximo de **conservação** do órgão após a parada cardíaca.

Coração
TR: antes da parada cardíaca
TC: 4 a 6 horas

Pulmões
TR: antes da parada cardíaca
TC: 4 a 6 horas

Ossos
TR: 6 horas após a parada cardíaca
TC: 5 anos

Córneas
TR: 6 horas
TC: 7 dias

Fígado
TR: antes da parada cardíaca
TC: 12 a 24 horas

Rins
TR: 30 minutos
TC: 24 a 28 horas

Pâncreas
TR: antes da parada cardíaca
TC: 12 a 24 horas

Esquema simplificado. Elementos não representados em proporção de tamanho entre si. As cores não correspondem aos tons reais.

Elaborado com base em: A necessidade da doação de órgãos. *Nova escola*. Disponível em: <www.gentequeeduca.org.br/planos-de-aula/necessidade-da-doacao-de-orgaos>. Acesso em: abril de 2015.

1 Um doador de órgãos com morte encefálica comprovada sofreu uma parada cardíaca às 15 horas e 15 minutos. Sabendo dessa informação, responda.

a) Quanto tempo há para que a retirada de seu coração seja feita em condições apropriadas para um transplante?

_____

b) Que órgão(s) desse doador deve(m) ser retirado(s) e até que horas essa retirada pode acontecer para que um paciente que faz hemodiálise não precise mais passar por esse procedimento?

_____

_____

2 Este cartaz faz parte de uma campanha de doação de órgãos do Ministério da Saúde.

GRUPO

Doe órgãos. Doe vida.
Para ser um doador, converse com a sua família.

Basta uma palavra de solidariedade para salvar toda uma vida.

Se você deseja ser um doador de órgãos, avise os seus familiares. A vontade é sua. A decisão é deles.

Para mais informações, acesse www.doevida.com.br

SUS — Ministério da Saúde — Governo Federal

Campanha Nacional de Doação de Órgãos – 2010 – Ministério da Saúde, Governo Federal.

a) Expliquem a frase: "Basta uma palavra de solidariedade para salvar toda uma vida".

ORAL

b) Com o objetivo de esclarecer as pessoas sobre esse assunto, criem outro cartaz para uma campanha de doação de órgãos ou tecidos. Para isso, pesquisem sobre o que é necessário para ser um doador e quais pessoas não podem doar.

GRUPO

89

UNIDADE 5

A matéria e suas transformações

Este navio encalhou na praia de Búzios, no Rio Grande do Norte. Repare na presença de ferrugem em toda a embarcação. Fotografia de 2012.

Converse com os colegas e responda às questões.

1. A imagem mostra um navio todo enferrujado. Vocês já viram outros objetos enferrujados? Do que eles eram feitos?

2. O que vocês acham que vai acontecer com o navio se ele continuar enferrujando?

3. Vocês sabem o que causa a ferrugem?

O que é matéria?

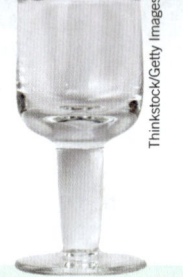

É possível afirmar que um copo é exemplo de matéria, mas o pensamento não. Que características definem a matéria?

ORAL

De acordo com a Ciência, **matéria** é tudo o que tem massa e ocupa um lugar no espaço.

Massa: quantidade de matéria de um objeto ou material.

Você, os demais seres vivos, o livro que está lendo, os objetos, a água e o ar, por exemplo, são formados por matéria. O mesmo não acontece com a luz, o calor e os pensamentos, pois não ocupam espaço nem têm massa.

Um balão cheio de ar tem mais massa que um balão vazio — o ar é um exemplo de matéria. Já seus pensamentos não são matéria; sua cabeça não fica mais pesada quando você tem muitas ideias.

Toda matéria é formada por partículas muito pequenas chamadas **átomos**. Na natureza, existem mais de 100 tipos de átomos. Os átomos são tão pequenos que não podem ser vistos nem com o uso de microscópios!

Você sabia?
A unidade padrão de medida de massa é o **quilograma (kg)**. Outras unidades que expressam a massa são o **grama (g)** e a **tonelada (t)**, por exemplo.

Quando se combinam, os átomos podem formar diferentes substâncias. É por causa dessas combinações que há tantas substâncias diferentes na natureza.

Por exemplo, a água é formada por uma combinação de 2 átomos de hidrogênio com 1 átomo de oxigênio; o gás carbônico é formado por uma combinação de 2 átomos de oxigênio com 1 átomo de carbono.

> **Você sabia?**
>
> Cada tipo de átomo é representado por um símbolo. O símbolo do hidrogênio é **H**, e o do oxigênio é **O**. A água, que é formada por dois átomos de hidrogênio e um átomo de oxigênio, é representada por **H_2O**.

Os cientistas estão sempre pesquisando maneiras de combinar substâncias para obter materiais que sejam úteis para nós. O plástico, por exemplo, foi criado a partir de substâncias presentes no petróleo.

Por meio de processos químicos, os cientistas usam substâncias presentes no petróleo para produzir plásticos, que são usados na fabricação de diversos objetos, como os mostrados na fotografia.

1. Leia o texto e faça o que se pede.

> Do petróleo são obtidos produtos como a gasolina, o querosene, o óleo *diesel*, o óleo lubrificante, o asfalto, entre outros. Além disso, o petróleo serve de base para a fabricação de vários produtos usados no nosso dia a dia, como cosméticos, tintas, acessórios, roupas e produtos plásticos.

■ Destaque dos **Adesivos** as fotografias dos produtos e cole-as abaixo, de acordo com a legenda.

Batom.	Guarda-chuva de náilon.	Sola de sapato.	Lixa de unha.

Elementos não representados em proporção de tamanho entre si.

■ Assinale os produtos feitos a partir do petróleo.

93

Gente que faz!

Massa e volume

Antes de começar as atividades, converse com os colegas e relembre as definições de matéria e massa. Depois, troquem ideias sobre as questões a seguir e registrem as **hipóteses** no caderno.

- Como podemos medir a massa de um corpo?
- Sem tocar as bolas da fotografia, você poderia afirmar, com certeza, que a bola maior tem mais massa que a bola menor? Por quê?

Bola de ginástica.

Bola de boliche.

Atividade 1: Medindo a massa

Materiais
- Balança de cozinha
- Lápis
- Uma pedra de tamanho um pouco menor que a palma da mão
- Um pedaço de madeira aproximadamente do mesmo tamanho da pedra

Procedimentos

1. Segure, alternadamente, o pedaço de madeira e a pedra em uma das mãos e tente estimar a massa de cada um. Anote o valor estimado no caderno.
2. Use a balança para medir a massa de cada objeto; novamente, anote o valor.

1 Sua estimativa estava próxima do valor registrado na balança?

☐ Sim.   ☐ Não.

2 O que tem mais massa: a pedra ou a madeira? _____

Agora, vamos entender o que é volume.

> **Volume** é o espaço ocupado por um corpo. Podemos medir o volume usando como unidade o **litro** (L).

Embora seja mais comum medir o volume de líquidos, também podemos mensurar o volume de gases e de sólidos. Na atividade a seguir, você aprenderá a medir o volume de objetos sólidos utilizando como unidade o **mililitro** (mL).

Antes de prosseguir com a atividade, converse com os colegas e, juntos, proponham uma maneira de medir o volume da pedra utilizada na atividade anterior. Descrevam, no caderno, os procedimentos que deveriam ser feitos.

O volume que a água ocupa nesta garrafa é de 1,5 L (lê-se um litro e meio).

Atividade 2: Medindo o volume de sólidos

Materiais
- Água
- Copo de medida graduado em mililitros
- Mesma pedra utilizada na atividade anterior
- Lápis

Procedimentos

1. Coloque água no copo de medida, até um pouco mais da metade do copo, e veja em que ponto da escala graduada está o nível do líquido. Registre o valor. _____

2. Mergulhe a pedra no copo de medida com água e verifique novamente o nível do líquido na escala graduada. Anote a medida final. _____

1 Após executar a atividade, descreva os procedimentos necessários para descobrir o volume da pedra.

_____

2 Os procedimentos que foram propostos inicialmente pela classe para medir o volume da pedra eram semelhantes aos apresentados na questão anterior?

_____

Flutua ou afunda?

Uma jangada flutua na água mesmo tendo muita massa, enquanto uma pedra, com menos massa que a jangada, afunda.

Andre Dib/Pulsar Imagens

- Uma jangada deve ser pesada, certo? Como ela consegue flutuar na água?
- O fato de flutuar ou afundar está relacionado com a massa dos objetos?

ORAL

Para responder às questões acima, precisamos compreender o que é **densidade**.

Densidade é a quantidade de matéria de um corpo comparada com o espaço que ele ocupa. Em outras palavras, é a relação entre a massa e o volume de um corpo.

Para calcular a densidade, o valor da massa do corpo deve ser dividido pelo valor do volume que ele ocupa. Podemos expressar a densidade em kg/L (lê-se: quilograma por litro).

Veja o exemplo:

Bola de brinquedo, feita de plástico (100 gramas).

Bola de boliche, feita de resina (3,24 quilogramas).

O espaço que as bolas ocupam é o mesmo, isto é, seus volumes são iguais. No entanto, a massa de cada bola é diferente: a bola de boliche tem mais massa que a bola de brinquedo.

Dizemos, portanto, que a densidade do material de que é feita a bola de boliche é maior que a densidade do material que compõe a bola de brinquedo, pois, considerando volumes iguais, a massa da bola de boliche é maior que a massa da bola de brinquedo.

Objetos mais densos que a água afundam. Já os objetos menos densos que a água flutuam. Assim, se forem colocadas na água, a bola de boliche afundará, enquanto a bola de brinquedo flutuará.

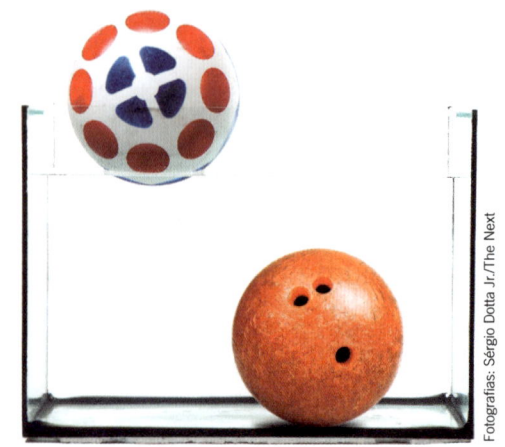

Fotografias: Sérgio Dotta Jr./The Next

Gente que faz!

Flutua ou afunda na água?

Materiais
- 1 borracha grande
- 1 *kiwi*
- 1 lápis
- 1 laranja
- 1 maçã
- Água
- Clipes de metal
- Pedaços grandes de isopor
- Recipiente plástico grande (balde, por exemplo)

Procedimentos `DUPLA`

1. Coloquem água no recipiente plástico até quase enchê-lo.
2. Destaquem a tabela da página 3 do **Material Complementar** e preencham-na com suas hipóteses sobre quais frutas e materiais vão flutuar e quais vão afundar.
3. Com cuidado, mergulhem todos os materiais no recipiente.
4. Observem o que acontece com cada um deles e preencham a última coluna da tabela.

1 Quantas hipóteses foram confirmadas? _____
_____

2 Analisando os **resultados**, qual é a **conclusão** do experimento:

a) O fato de afundar ou boiar tem relação com o tamanho dos objetos?

☐ Sim.   ☐ Não.

b) Quais são os objetos mais densos que a água?

_____
_____
_____

3 Qual é a propriedade da matéria que tem relação direta com a flutuabilidade dos objetos: massa, volume ou densidade?

_____

A matéria sofre transformações

> Que semelhanças e diferenças têm um copo de vidro inteiro e o mesmo copo quebrado? **ORAL**

Transformações físicas

Estudar as **transformações** que acontecem com a matéria nos permite entender melhor suas propriedades. Observe as imagens e respectivas legendas.

Colocar água no congelador para fazer gelo.

Quebrar um copo de vidro.

Rasgar um pedaço de papel.

Em nenhuma das ações mostradas ocorre alteração química das substâncias que constituem os materiais: a água continua sendo água após ser congelada; o papel continua sendo papel após ser rasgado; e o vidro continua sendo vidro, mesmo em pedacinhos.

> Esse tipo de transformação, em que as substâncias não são alteradas e não há formação de novas substâncias, chama-se **transformação física**.

Você sabia?

Embora seja mais comum estudarmos as mudanças de estado físico da água, as demais substâncias ou materiais também sofrem esse tipo de transformação — tudo depende das condições a que elas são submetidas.

O gás carbônico, por exemplo, transforma-se em gelo seco (um sólido) se for suficientemente resfriado; e um metal pode se tornar líquido se for aquecido até derreter.

O metal, se submetido a altas temperaturas, passa do estado sólido para o líquido.

1. Observe as fotografias de uma panela com água fervendo e de uma pera que foi cortada em pedaços. Assinale a imagem que mostra uma transformação física.

2. Leia o texto e responda às questões.

www

Como são feitos os alimentos instantâneos que ficam prontos com a adição de água?

[...] há um processo — chamado desidratação — que permite a produção de alimentos instantâneos! A desidratação é a retirada da água presente nos alimentos! Graças a esse método, os alimentos conservam-se por longos períodos e podem ser preparados com facilidade.

Todos os alimentos contêm água. É fácil perceber que existe água em um alimento líquido, como o leite. Mas o que você talvez não saiba é que alguns alimentos sólidos apresentam grande quantidade de água também. O tomate e a alface, por exemplo, têm cerca de 90% de água em sua composição! [...]

O macarrão instantâneo é um exemplo de alimento desidratado.

Luis Carlos Trugo. Disponível em: <www.mundovestibular.com.br/articles/1099/1/QUIMICA-PARA-MATAR-A-FOME-EM-CINCO-MINUTOS/Paacutegina1.html>. Acesso em: maio de 2015.

a) Podemos dizer que a desidratação dos alimentos é um processo de transformação física? Explique.

ORAL

b) Para onde vai a água que está no alimento quando ele é desidratado usando o calor?

Transformações químicas

Uma transformação química acontece, por exemplo, quando um pedaço de papel é queimado. Ao final, podemos ter a impressão de que o papel desapareceu, mas não é isso o que acontece. Na verdade, a queima do papel produz novas substâncias: as cinzas e a fumaça.

Em geral, não é possível "desfazer" uma transformação química. Não podemos, por exemplo, recompor o papel depois que ele foi queimado.

Nas **transformações químicas**, também chamadas de **reações químicas**, ocorre formação de uma ou mais substâncias diferentes.

Existem algumas evidências que podem indicar a ocorrência de uma transformação química.

- Liberação de calor, como acontece na queima do papel.
- Mudança de cor, como ocorre quando um pouco de alvejante cai sobre um tecido colorido.
- Mudança de cheiro, que pode ser observada, por exemplo, quando um alimento apodrece.
- Liberação de gases, como no caso da efervescência de um comprimido na água.

A decomposição dos alimentos é um exemplo de transformação química.

Evitando as transformações químicas

No mundo há sempre alguma coisa estragando, enferrujando, apodrecendo, queimando e se decompondo, o que significa que transformações químicas estão acontecendo. O ser humano vive tentando impedir ou retardar algumas dessas transformações, principalmente quando elas estragam nossos bens, como carros, casas, ferramentas e brinquedos.

A oxidação, a combustão e a decomposição são exemplos de transformações químicas. Vamos conhecer melhor esses processos e algumas formas de impedi-los.

OXIDAÇÃO

A **oxidação** é uma transformação química que ocorre em alguns materiais quando entram em contato com o gás oxigênio. Esse processo pode ser observado, por exemplo, na formação da ferrugem. A ferrugem é um composto alaranjado que esfarela facilmente e que resulta da reação entre o ferro presente nos objetos e o gás oxigênio do ar. A ferrugem pode inutilizar diversos objetos.

Para impedir ou adiar a ferrugem, muitas pessoas passam graxa sobre seus objetos de metal. Alguns metais são mais resistentes à oxidação que outros. O alumínio, por exemplo, é usado na fabricação de estruturas de portas (como a da fotografia) e janelas por ser bastante resistente à oxidação.

COMBUSTÃO

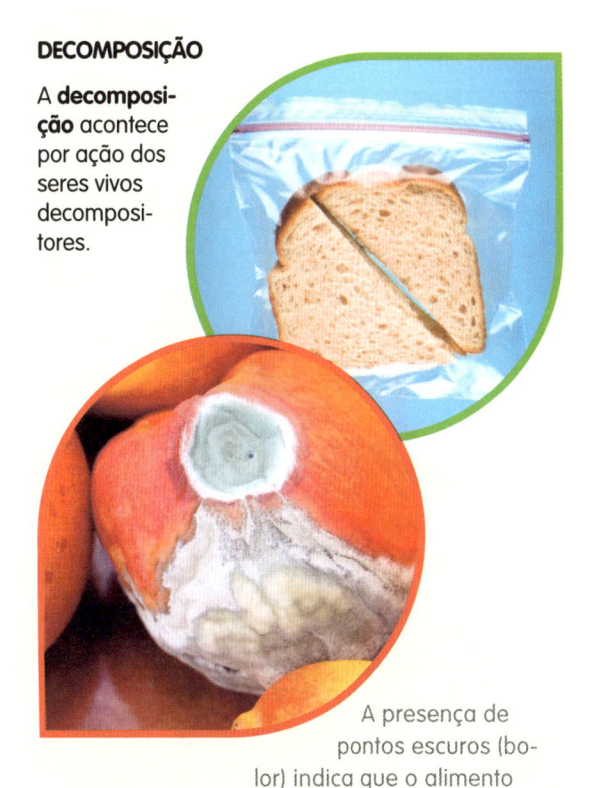

A **combustão** acontece quando um material queima e se transforma em outras substâncias, como gás carbônico, cinzas e vapor-d'água. Como é necessária a presença do gás oxigênio para que a combustão aconteça, dizemos que a combustão é um tipo especial de oxidação.

Aprender a usar o fogo foi importante para os nossos ancestrais. Com o fogo, os humanos passaram a cozinhar os alimentos, produzir materiais como a cerâmica e fundir metais para fazer instrumentos. Porém, o fogo também pode causar incêndios, transformando tudo em cinzas, gás carbônico e vapor-d'água.

DECOMPOSIÇÃO

A **decomposição** acontece por ação dos seres vivos decompositores.

A presença de pontos escuros (bolor) indica que o alimento está sofrendo decomposição. As pessoas estão sempre buscando formas de proteger os alimentos da decomposição e, assim, fazê-los durar mais. Embalá-los e resfriá-los na geladeira são algumas dessas formas.

1. Como a graxa pode impedir a oxidação? `ORAL`

101

Os seres vivos e as transformações químicas

No nosso corpo acontecem inúmeras transformações químicas. Cite um exemplo de transformação química que acontece no organismo.

ORAL

Diversas transformações químicas acontecem com os seres vivos. Relembre as transformações que você já estudou.

Os vegetais
Fazem fotossíntese, processo em que a água e o gás carbônico, na presença de luz, são transformados em alimento.

4,5 m

25 cm

Os animais
Produzem substâncias digestivas que transformam quimicamente os alimentos, permitindo que estes sejam absorvidos pelo corpo.
As células realizam um conjunto de reações químicas, das quais participam os nutrientes e o gás oxigênio, para produção de energia.

Os seres decompositores
Realizam a decomposição dos restos de seres vivos e de seus excrementos, convertendo a matéria orgânica em substâncias mais simples, como água, gás carbônico e nutrientes minerais. Ao final do processo de decomposição, parte dos nutrientes minerais é devolvida ao ambiente.

Fungos decompositores. (Ampliação: 160 vezes).

Mais um exemplo de transformação química

Para preparar vários tipos de pães, bolos e massas, utilizamos o fermento biológico. Esse fermento é constituído por fungos microscópicos, as leveduras, que são responsáveis por fazer a massa crescer e ficar macia.

O fermento biológico é chamado assim porque é formado por seres vivos.

Na massa ainda crua, as leveduras realizam uma transformação química chamada **fermentação**: o açúcar presente na massa é transformado em álcool e gás carbônico. São as bolhas do gás carbônico que fazem a massa crescer e ficar macia. Já o álcool evapora quando a massa vai ao forno.

Nas receitas em que o fermento biológico é utilizado, a massa deve crescer antes de ser levada para assar. Isso é necessário porque a temperatura alta do forno mataria as leveduras. Quando o pão está assando, sentimos o cheiro característico, que é produzido pela liberação do álcool da massa.

A massa crua e fermentada tem um cheiro característico por causa do álcool produzido pelas leveduras.

Você sabia?

O iogurte é um **leite fermentado**, ou seja, é um leite que sofreu a fermentação feita por microrganismos. Eles consomem a lactose do leite, um tipo de açúcar, e produzem ácido láctico, fazendo o leite talhar.

Talhar: formar grumos, coagular.

1. Como são chamados os fungos que fazem a fermentação do pão?

_____

2. Quais são as substâncias formadas na fermentação realizada por esses fungos?

_____

3. Leia a receita de iogurte e responda às questões.

> **Vamos preparar iogurte?**
>
> ### Ingredientes
> - 1 caixa térmica (isopor) com tampa ou 1 cobertor
> - 1 colher
> - 1 leiteira
> - 1 litro de leite
> - 1 pote de iogurte natural
>
> ### Modo de preparo
> - Coloque o litro de leite na leiteira. O professor vai aquecê-lo até quase ferver.
> - Após aquecer o leite, é preciso esperar alguns minutos para que ele fique morno.
> - Despeje o pote de iogurte no leite morno. Misture bem com a colher.
> - Coloque a leiteira com a mistura dentro da caixa térmica, tampe a caixa e espere cerca de 8 horas. Se não tiver caixa térmica, tampe a leiteira e enrole-a com o cobertor, para mantê-la aquecida.
> - Depois de 8 horas, o seu iogurte está pronto. Pode acrescentar frutas, mel, açúcar ou consumi-lo na forma natural.

O iogurte nada mais é do que leite fermentado.

a) Na sua opinião, o que tem no pote de iogurte que, quando misturado ao leite, faz todo ele virar iogurte? _____

b) Qual o nome do processo envolvido na fabricação do iogurte?

_____

c) A fabricação do iogurte é um processo físico ou químico? Explique.

_____

_____

4. Leia o modo de preparo dos bolinhos a seguir e, depois, responda à questão.

Modo de preparo
- **A.** Misture os ovos, o açúcar, a farinha, o leite e a manteiga.
- **B.** Acrescente coco ralado e despeje a massa em forminhas.
- **C.** Coloque as formas na assadeira e leve-as ao forno por 30 minutos.

Bolinhos prontos.

■ Em qual etapa da receita (**A**, **B** ou **C**) ocorre transformação química? Justifique sua resposta.

_____

_____

5. Observe as atividades domésticas a seguir. Assinale aquela(s) em que ocorre transformação química.

Ferver água na panela.

Secar roupas no varal.

Assar pães no forno.

105

Gente que faz!

Maçãs desidratadas

Você acha possível usar os conhecimentos científicos nas tarefas cotidianas? Quais?

ORAL

Materiais
- 1 forma retangular
- 1 limão
- 1 vasilha plástica
- 2 L de água
- 2 maçãs maduras (no ponto para serem consumidas)
- Forno convencional
- Papel-toalha
- Saquinhos plásticos

Atenção! Essa atividade deverá ser feita com a ajuda de um adulto.

Procedimentos

1. Lave as maçãs e seque-as com o papel-toalha. Se preferir, as maçãs poderão ser descascadas.
2. Um adulto deverá cortar as maçãs em fatias finas.
3. Na vasilha plástica, esprema meio limão e misture o suco obtido em 2 litros de água.
4. Banhe as fatias de maçãs nessa mistura. Isso evitará que as fatias escureçam.
5. Retire as fatias de maçã da mistura de limão com água e deixe-as escorrer sobre o papel-toalha.
6. Coloque as fatias de maçã (já sem o excesso da mistura de limão) na forma retangular, de modo que fiquem bem espalhadas.
7. Peça a um adulto que leve a bandeja ao forno convencional por cerca de duas horas na temperatura mínima.
8. Depois, o adulto deverá retirar a forma do forno e esperar esfriar. Por fim, coloque as fatias de maçãs desidratadas em saquinhos plásticos e mantenha-os fechados.

O aspecto das fatias desidratadas de maçã deve ser parecido com este.

9. Não se esqueça de fechar os saquinhos sempre que tiver consumido as maçãs desidratadas.

1 Analisando os **procedimentos** dessa atividade, que no caso é o preparo da receita, indique se as etapas abaixo envolvem transformações químicas ou físicas.

a) Picar as maçãs. _____

b) Levar as maçãs ao forno para desidratá-las. _____

2 O limão contém vitamina C, que previne a oxidação da maçã e, assim, evita que ela escureça.

a) A oxidação é um exemplo de transformação física ou química?

_____

b) Qual elemento presente no ar participa do processo de oxidação?

_____

3 Como **resultado**, obtemos fatias desidratadas de maçã. O que provoca a desidratação? _____

4 Escreva no caderno um texto sobre a **conclusão** da atividade: é possível usar os conhecimentos científicos nas tarefas cotidianas?

Segurança nunca é demais!

Ao realizarmos certas atividades práticas, manipulamos substâncias e objetos que podem ser perigosos se utilizados de forma inapropriada. Por isso, siga sempre estas recomendações.

Antes de realizar qualquer atividade prática, avise um adulto.

Utilize apenas os materiais pedidos na atividade; não os substitua por outros.

Não utilize facas, tesouras com ponta ou objetos cortantes. Se precisar desses objetos, peça ajuda a um adulto.

Jamais coloque na boca ou cheire alguma substância desconhecida.

Objetos de vidro devem ser manipulados com muito cuidado.

Ilustrações: João Anselmo

Atividades

1. Leia o texto e faça o que se pede.

> [...] Há cerca de 2500 anos, um filósofo grego chamado Demócrito disse que, se dividíssemos qualquer coisa em pedacinhos cada vez menores até que se chegasse a um ponto em que o último pedacinho não pudesse mais ser dividido, chegaríamos ao átomo.
>
> Em outras palavras, o átomo seria a menor porção, o menor pedacinho formador de qualquer matéria. No final do século 19, porém, um físico inglês chamado Joseph Thomson descobriu que o átomo também poderia se dividir. Com essa novidade, o átomo deixou de ser considerado a menor partícula indivisível formadora de qualquer matéria, mas continuou sendo a menor porção capaz de guardar todas as características de um elemento. [...]
>
> **Elaborado com base em:** Big-bang, como tudo começou. *Ciência hoje das crianças*.
> Disponível em: <chc.cienciahoje.uol.com.br/big-bang-como-tudo-comecou>. Acesso em: abril de 2015.

■ Por que o átomo deixou de ser considerado a menor partícula da matéria? Sublinhe a resposta no texto.

2. A água pura congela quando a temperatura fica abaixo de 0 °C. Se a temperatura fica acima desse valor, o estado físico da água passa de sólido para líquido. Observe a tabela e faça o que se pede.

Metal	Temperatura em que atinge o estado líquido
Prata	962 °C
Mercúrio	−39 °C (39 °C negativos)
Ferro	1 538 °C

a) Qual dos metais precisa da maior temperatura para passar ao estado líquido?

b) Pesquise a temperatura esperada para hoje. Se você estivesse observando amostras dos 3 metais da tabela, qual estaria no estado líquido hoje? Por quê?

c) Elabore uma explicação para o seguinte fato: Muitas indústrias usam metais como o ferro para produzir peças que precisam suportar altas temperaturas.

ORAL

3. O que é uma transformação física?

_____

_____

4. Quando comemos, os alimentos passam por transformações em nosso organismo, de modo que os nutrientes possam ser absorvidos. Cite e explique uma transformação física que acontece com a comida quando nos alimentamos.

_____

_____

5. Observe o recipiente da imagem e responda às questões.

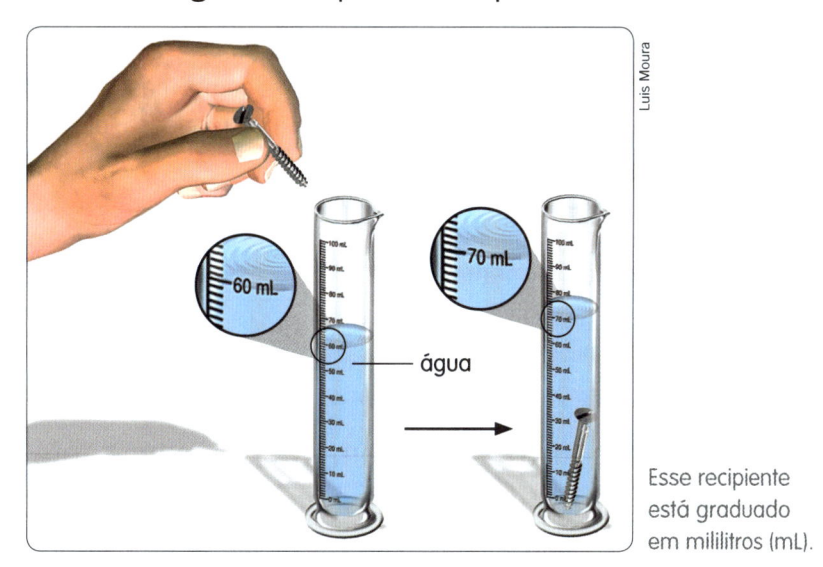

Esse recipiente está graduado em mililitros (mL).

a) A densidade do parafuso é maior ou menor que a densidade da água? Justifique. _____

b) Qual é o volume, em mililitros, do parafuso? _____

Ampliando horizontes...

livros

Química em casa, de Breno Pannia Espósito, Atual.
O livro relata fatos muitas vezes curiosos que mostram a presença da química em nosso dia a dia, sempre procurando relacionar essa ciência com higiene, beleza, moda, alimentação.

Viagens de um pãozinho, de Sérgio Meurer, Cortez.
Conheça como são obtidos os ingredientes de um pãozinho (trigo, ovos, água e fermento) e aprenda um pouco mais sobre a boa nutrição e alimentação saudável.

rede de ideias

O pão de cada dia

1 Leia o trecho do texto e depois faça o que se pede.

Seis mil anos de pão: a importância do pão para a humanidade

[...] Os agricultores das margens férteis do Nilo conseguiram cultivar o trigo em safras regulares. Eles perceberam que, além de uma papa, o cereal fornecia uma massa que, levada ao forno, resultava num alimento saboroso e nutritivo.[...] o processo de levedura da massa, a fermentação, tardou algum tempo para ser dominado. Os egípcios perceberam que, se deixassem a massa "descansar" antes de assá-la, isso a fazia crescer e, se parte dela fosse acrescentada a outra massa, ela a faria crescer mais. [...]

[...]

Os egípcios passaram a exportar seu excedente de produção para outros povos do Mediterrâneo pelas mãos de comerciantes fenícios. Foi dessa forma que os gregos (e toda a Europa, em seguida) conheceram o trigo e a arte de fermentar o pão.

Ernani Fagundes. *Aventuras na História*. Março de 2012. Disponível em: <http://guiadoestudante.abril.com.br/aventuras-historia/seis-mil-anos-pao-importancia-pao-humanidade-680769.shtml>. Acesso em: março de 2015.

a) De acordo com o texto, o pão sempre foi macio e fofo como o conhecemos hoje? Sublinhe o trecho do texto que responde à pergunta.

b) Os fungos responsáveis pela fermentação estão em todos os lugares, até nos grãos de cereais, como o trigo. Bastaria colocar a massa de pão para secar, alguns dias, para ela fermentar naturalmente.

■ Cite as substâncias formadas a partir da fermentação da massa de pão.

___

■ Cite duas transformações químicas que ocorrem durante o preparo do pão.

___

O pão é muito importante para a humanidade. Basta saber que, na época dos faraós, o pagamento aos trabalhadores egípcios era feito com pão.

2) Qual dos pães tem fermento em sua massa? Explique como chegou a essa conclusão. `ORAL`

A

B

3) Observe o mapa e responda às questões.

A ORIGEM DO PÃO

Do Egito, o alimento seguiu para a Europa mediterrânea e se espalhou pelo planeta.

Legenda: América do Norte | América Central | América do Sul | África | Europa | Ásia | Oceania

Fonte: <http://guiadoestudante.abril.com.br/aventuras-historia/seis-mil-anos-pao-importancia-pao-humanidade-680769.shtml>. Acesso em: março de 2015.

a) Qual povo inventou o pão? _____

b) A história do pão tem mais de 6 mil anos. Na sua opinião, como esse produto ficou conhecido no mundo todo naquela época?

_____

_____

4) Forme dupla com um colega e pesquisem sobre a história do pão no Brasil. Depois respondam às questões da ficha da página 5 do **Material Complementar**. `DUPLA`

■ Compartilhem as informações com os colegas.

UNIDADE 6

Calor e luz

Arco-íris no céu sobre o Pantanal, MT.

Pepe Melega/Olhar Imagem

Converse com os colegas e responda às questões.

1. Vocês já viram um arco-íris? Contem como estava o céu nesse dia.

2. Como vocês acham que o arco-íris é formado?

3. O arco-íris está relacionado com a luz do Sol. Que outras fontes de luz, além do Sol, vocês podem citar?

Energia

No que você pensa quando lê o título acima? **ORAL**

Você já deve ter ouvido a palavra **energia** em diferentes contextos: energia dos alimentos, energia elétrica, energia solar etc. É mais fácil entender a energia pelos efeitos que ela produz, por exemplo: um automóvel precisa da energia do combustível para se mover; uma lâmpada precisa de energia elétrica para acender; nosso corpo necessita da energia contida nos alimentos para funcionar adequadamente. Até mesmo quando estamos quietos, pensando ou dormindo, nosso corpo precisa de energia.

A energia pode ser encontrada em diferentes formas.

Energia química: está armazenada nos combustíveis, por exemplo.

Energia térmica: é percebida na forma de calor.

Energia luminosa: é percebida na forma de luz.

Energia sonora: é percebida por meio dos sons.

Fotografias: Fernando Favoretto/Criar Imagem

Você sabia?
A palavra **energia** vem do grego *enérgeia*, que significa "força em ação".

A energia não pode ser criada nem destruída: **ela só pode ser transformada de uma forma em outra**.

Podemos aproveitar diversas formas de energia transformando uma forma em outra. A energia elétrica, por exemplo, pode ser transformada em energia de movimento que gira os garfos de uma batedeira.

Neste caso, além da energia de movimento, temos a energia sonora, que é percebida pelos sons que são produzidos pelo aparelho, e a energia térmica, pois o motor da batedeira esquenta após algum tempo em funcionamento.

Quando a batedeira está ligada, temos energia de movimento.

1. As imagens **A** e **B** comparam as lâmpadas comuns com as fluorescentes.

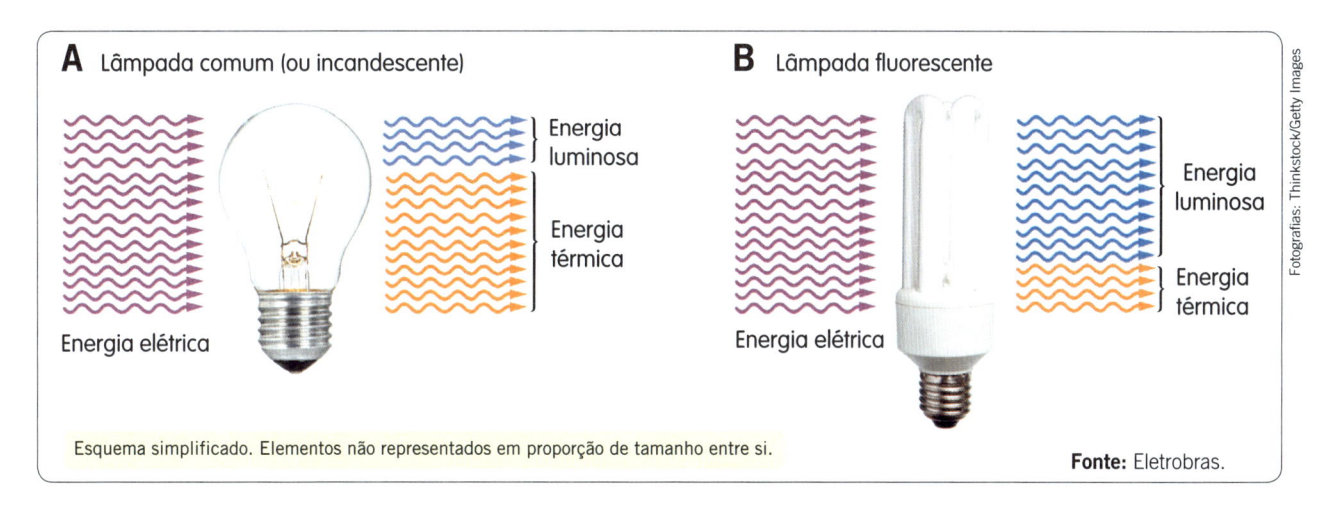

A Lâmpada comum (ou incandescente)

Energia elétrica → Energia luminosa / Energia térmica

B Lâmpada fluorescente

Energia elétrica → Energia luminosa / Energia térmica

Esquema simplificado. Elementos não representados em proporção de tamanho entre si.

Fonte: Eletrobras.

a) Circule nas imagens os tipos de energia produzidos pelas lâmpadas.

b) Qual lâmpada é mais eficiente na iluminação dos ambientes: a comum ou a fluorescente? Justifique.

_____

_____

_____

c) Elabore uma explicação para a seguinte afirmação: as lâmpadas fluorescentes são conhecidas como lâmpadas de luz fria.

_____

_____

_____

Calor

Que sensação você teria ao tocar um copo cheio de cubos de gelo?

ORAL

> **Calor** é o nome dado à transferência de energia térmica entre os corpos.

O calor é responsável pelas mudanças de temperatura (aquecimento ou resfriamento) dos objetos. Se a temperatura de um objeto aumenta, significa que ele recebeu calor. Por outro lado, a diminuição da temperatura do objeto indica que ele perdeu calor.

Ao tocar no copo com cubos de gelo, podemos perceber que a temperatura dele é menor que a da nossa mão. Por isso, sentimos o copo gelado, frio.

O calor sempre flui do corpo mais quente para o mais frio. Veja este exemplo da tirinha da personagem Calvin.

Depois de certo tempo, podemos observar que os cubos de gelo derretem. Isso acontece porque o copo recebe calor do ambiente e sua temperatura aumenta.

Calvin & Haroldo, de Bill Watterson.

1. Usando seus conhecimentos sobre transferência de calor, responda: **ORAL**

a) O que aconteceu quando Calvin e Haroldo pularam no mar? Explique.

b) Por que eles ficaram aos pulos pela areia ao sair do mar?

116

Os materiais podem passar de um estado físico a outro quando recebem ou perdem calor. Foi o que observamos com os cubos de gelo. Com o aumento da temperatura, a água em estado sólido passou para o estado líquido.

Outro efeito do calor sobre os materiais é a **dilatação**. Geralmente, quando um material recebe calor, ele dilata, ou seja, aumenta de volume. Quando o material perde calor, acontece o contrário, ou seja, ele contrai, diminuindo de volume.

O picolé derrete porque recebe calor do ambiente, contanto que o ambiente esteja mais quente que o picolé. Além disso, você tem a sensação de gelado ao tomar o sorvete porque ocorre transferência de calor da boca para o picolé.

2. No ciclo da água na natureza, há diversas mudanças de estado físico: solidificação, fusão, vaporização e condensação.

   a) Cite as mudanças de estado físico que ocorrem pelo aumento de temperatura. _____

   b) Cite as mudanças de estado físico que ocorrem pela diminuição de temperatura. _____

   c) Qual é a principal fonte de calor nessa situação? _____

3. Leia o texto e complete as lacunas com os termos adequados.

> **Por que os cabos elétricos que conduzem a eletricidade não são inteiramente esticados?**
>
> Os cabos elétricos não são completamente esticados por causa da dilatação. Essa [...] "barriga" deixada no fio permite que ele se _____ ou se _____, o que é determinado pelas condições climáticas do local. Assim, ao deixar essa folga entre os dois postes, evitamos uma tração e uma possível ruptura no fio, quando ele diminui de comprimento com a diminuição da temperatura.
>
> **Tração:** ato de puxar, arrastar, alongar, ou o seu efeito.

Cabos elétricos entre dois postes.

Regina Pinto de Carvalho (Org.). *Física do dia a dia*. Belo Horizonte: Gutenberg, 2003. p. 78.

Gente que faz!

Atividade 1: A chave e o cadeado

Atenção! Essa atividade deverá ser feita com a ajuda de um adulto.

Materiais
- 1 alicate
- 1 cadeado com chave
- 1 copo com água
- 1 vela
- Fósforos

Procedimentos GRUPO

1. Insiram a chave no cadeado e verifiquem se ele abre e fecha normalmente.
2. Depois, o professor vai acender a vela. Segurando a chave com o alicate, o professor vai aquecer a ponta dela na chama durante mais ou menos 1 minuto.

3. Logo em seguida, ele vai tentar inserir a chave aquecida no cadeado. Verifiquem se o professor conseguiu colocar a chave no cadeado.
4. Em seguida, o professor vai mergulhar a chave no copo com água. Aguardem alguns minutos e peguem a chave.
5. Tentem inserir a chave no cadeado novamente.

Observem os **resultados** do experimento e respondam às questões no caderno.

1 Depois de aquecida pela chama da vela, a chave entrou no cadeado? Por quê?

2 Depois que a chave foi mergulhada na água, foi possível abrir o cadeado? Por quê?

Atividade 2: Como encher um balão sem assoprá-lo

Materiais
- 1 bacia
- 1 bexiga
- 1 garrafa de vidro (vazia)
- Água quente do chuveiro (pedir a um adulto)

Procedimentos
1. Coloque a bexiga na boca da garrafa, de modo que ela se ajuste perfeitamente ao gargalo.
2. Coloque a garrafa dentro da bacia.
3. Despeje a água quente na bacia. Aguarde alguns instantes e observe o que acontece.

1 Qual foi o **resultado** do experimento: O que aconteceu depois que a garrafa ficou em contato com a água quente? _____

2 Tente elaborar uma explicação para o resultado observado nesse experimento.

_____

_____

3 O texto abaixo apresenta a **conclusão** dos dois experimentos. Escolha a palavra adequada para completá-lo.

       diminuem   aumentam

> O calor pode causar alguns efeitos sobre os materiais. Alguns materiais, como o metal da chave ou o ar de dentro da garrafa, _____ de volume quando recebem calor. Em outras palavras, esses materiais dilatam com o ganho de calor.

Condutores e isolantes térmicos

Você concorda que um agasalho "esquenta" o corpo quando sentimos frio? ORAL

Alguns materiais conduzem o calor melhor que outros. O casaco visto na fotografia abaixo é feito de materiais que não conduzem bem o calor. Dessa forma, o agasalho diminui a perda de calor do corpo para o ambiente.

O agasalho impede a troca de calor entre o corpo e o ambiente.

Materiais isolantes térmicos
A madeira, a borracha e o plástico são **isolantes térmicos**, ou seja, são maus condutores de calor. Por isso, os cabos de panelas geralmente são feitos com um desses materiais, pois não se aquecem com tanta facilidade e devem proteger a mão de quem cozinha do calor do fogão.

Materiais condutores térmicos
Os metais são bons **condutores térmicos**. Por isso, as assadeiras são feitas com esses materiais, pois devem permitir que o calor chegue ao alimento a ser assado.

1. Faça o experimento a seguir: descalço (e sem meias), pise com um pé sobre um piso de cerâmica e com o outro pé, sobre um tapete. Anote os resultados.

    a) Em qual pé você sentiu mais frio?

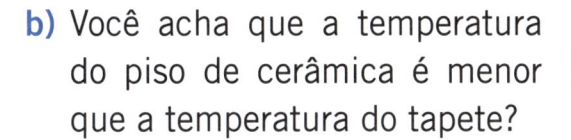

    _____

    _____

    b) Você acha que a temperatura do piso de cerâmica é menor que a temperatura do tapete? **ORAL**

2. Destaque dos **Adesivos** a fotografia do urso-polar com filhotes e cole-a abaixo. Depois faça o que se pede.

    Urso-polar com filhotes no Ártico.

    a) Como parece ser a temperatura do ambiente da fotografia? **ORAL**

    b) O urso-polar é um mamífero e, portanto, mantém a temperatura do seu corpo constante. Faça uma pesquisa sobre as adaptações desse animal que o ajudam a sobreviver em um ambiente gelado. Registre as descobertas em uma folha à parte e depois compartilhe com os colegas.

121

Gente que faz!

Teste da capacidade isolante de diferentes materiais

Materiais
- 3 folhas de jornal
- 3 folhas de papel-alumínio
- 3 potes iguais de vidro com tampa
- 3 sacolas plásticas de supermercado
- 15 cubos de gelo
- Fita adesiva

Procedimentos GRUPO

1. Forme grupo com mais dois colegas.
2. Cada um de vocês vai pegar um dos potes de vidro e colocar cinco cubos de gelo nele, tampando-o em seguida.
3. Os potes vão ser embrulhados. Combine com os colegas o material que cada um vai usar para embrulhar os frascos. Um pote deve ser envolvido pelas folhas de jornal; se for preciso, prenda as folhas de jornal com a fita adesiva. O segundo pote vai ser envolvido com sacolas plásticas, uma dentro da outra, e o terceiro, com as folhas de papel-alumínio.
4. Coloquem os potes em um local que receba raios de Sol e aguardem cerca de 10 minutos.
5. Depois desse tempo, removam os embrulhos e observem em qual pote os cubos de gelo estão mais derretidos.

1 Qual foi o **resultado** do experimento: em qual pote os cubos de gelo estavam mais derretidos? _____

2 De onde veio o calor que derreteu os cubos de gelo?

_____

3 A que **conclusão** vocês chegaram: que material foi melhor isolante térmico? Justifiquem.   ORAL

122

Como funciona uma garrafa térmica?

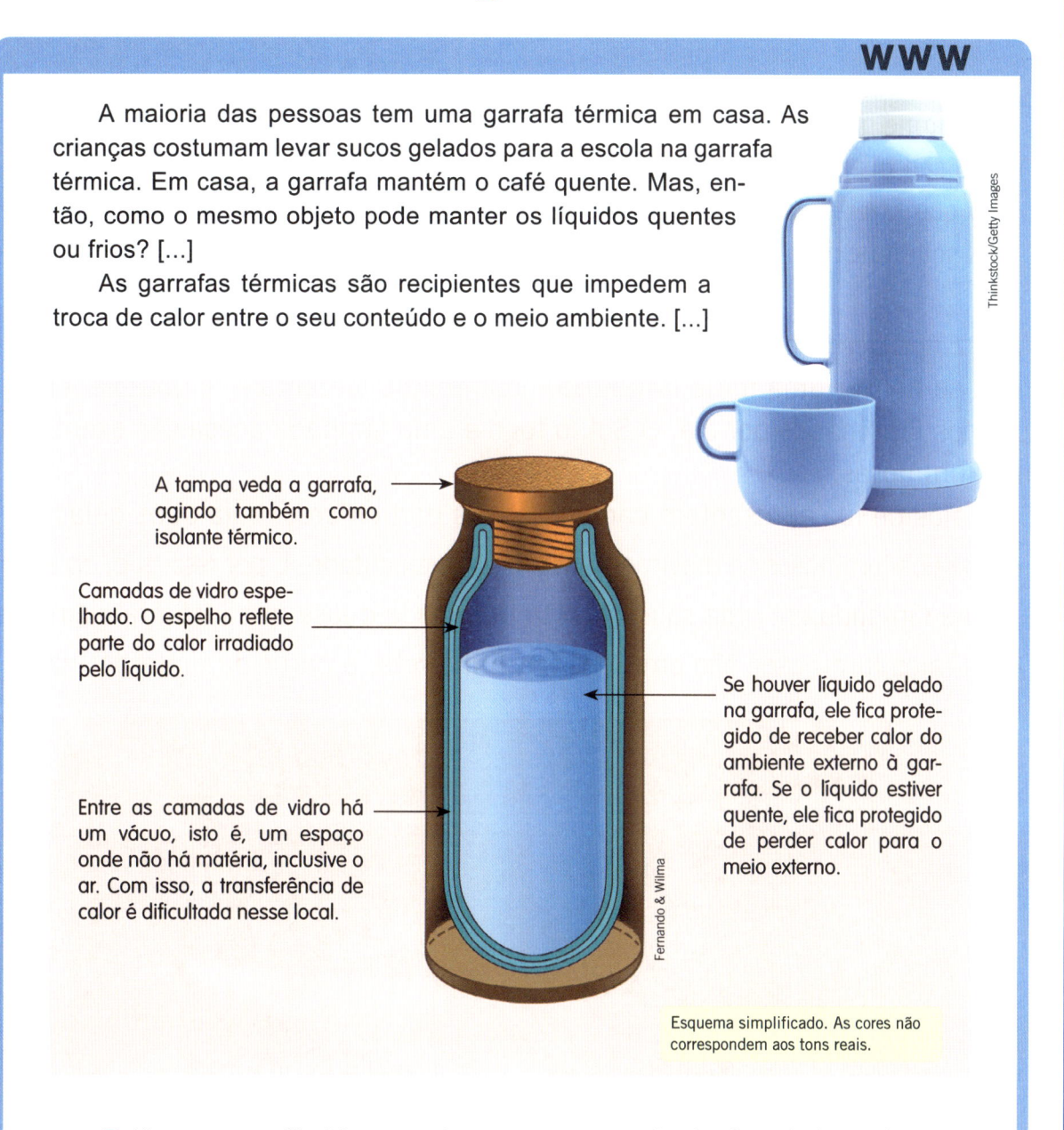

A maioria das pessoas tem uma garrafa térmica em casa. As crianças costumam levar sucos gelados para a escola na garrafa térmica. Em casa, a garrafa mantém o café quente. Mas, então, como o mesmo objeto pode manter os líquidos quentes ou frios? [...]

As garrafas térmicas são recipientes que impedem a troca de calor entre o seu conteúdo e o meio ambiente. [...]

A tampa veda a garrafa, agindo também como isolante térmico.

Camadas de vidro espelhado. O espelho reflete parte do calor irradiado pelo líquido.

Entre as camadas de vidro há um vácuo, isto é, um espaço onde não há matéria, inclusive o ar. Com isso, a transferência de calor é dificultada nesse local.

Se houver líquido gelado na garrafa, ele fica protegido de receber calor do ambiente externo à garrafa. Se o líquido estiver quente, ele fica protegido de perder calor para o meio externo.

Esquema simplificado. As cores não correspondem aos tons reais.

Então, por que líquidos quentes em uma garrafa térmica ainda assim resfriam? Porque não existem isolantes perfeitos. Sempre há alguma perda de calor através da **tampa**, por melhor que seja o isolante térmico utilizado. [...] Por isso, assim que colocamos o líquido quente no interior da garrafa, ele vai se esfriando, embora muito lentamente.

A garrafa "sabe" se o líquido que está dentro está quente ou frio? Não. O que ela faz é limitar a transferência de calor através das paredes. Isso deixa o líquido dentro da garrafa com temperatura quase constante por um longo tempo (independentemente de o líquido estar quente ou frio).

Marshall Brain. *Como funcionam as garrafas térmicas*.
Disponível em: <http://casa.hsw.uol.com.br/garrafas-termicas.htm>. Acesso em: março de 2015.

Luz

> - Imagine que você queira brincar de fazer sombras com as mãos na parede do seu quarto, mas ele está completamente escuro. Você vai conseguir?
> - O que fazer para essa brincadeira se tornar possível?
> - A sombra existe sem luz?
>
> **ORAL**

A luz nos permite enxergar. Em um lugar totalmente escuro, não vemos nada. Porém, se houver uma **fonte luminosa** – como uma lanterna –, é possível enxergar os objetos iluminados por ela. O Sol, o fogo e uma lâmpada acesa são exemplos de fontes luminosas.

Os raios de luz apresentam características particulares. Veja duas delas.

- Os raios luminosos se movimentam em **alta velocidade**. É por isso que, ao acender uma lâmpada em uma sala, ela fica iluminada quase que instantaneamente.
- Os raios luminosos são emitidos em **linha reta**, a partir da fonte de luz.

A luz propaga-se em alta velocidade e em linha reta.

Alguns objetos não permitem que os raios luminosos passem através deles. Como os raios luminosos propagam-se em linha reta, eles não conseguem desviar desses objetos nem iluminar o que está atrás deles. Com isso, forma-se uma **sombra**.

A sombra sempre é projetada do lado oposto ao da fonte luminosa.

A luz e os corpos

Você consegue olhar através do vidro de uma janela, mas não pode fazer o mesmo através da parede. Isso acontece porque a luz não é capaz de atravessar todos os materiais.

De acordo com a quantidade de luz que passa através dos objetos, eles podem ser classificados em **transparentes**, **translúcidos** ou **opacos**.

A luz atravessa quase totalmente os materiais **transparentes**, por isso conseguimos enxergar através deles.

Outros materiais não permitem a passagem da luz, por isso não é possível enxergar através deles. Esses materiais são chamados de **opacos**.

Há ainda os materiais **translúcidos**, que permitem a passagem de parte da luz. Não é possível enxergar com nitidez através deles.

O vidro comum é um material transparente, por isso a maioria das vitrines são de vidro, para que as pessoas possam ver os produtos expostos.

A porta do provador é feita com material opaco para impedir que pessoas vejam outras pessoas se trocando no seu interior.

Através dos materiais translúcidos, como esses vidros, não conseguimos enxergar com nitidez.

Gente que faz!

Testando o trajeto da luz

Materiais

- 1 folha de cartolina escura
- 1 moeda de 1 real
- Fita adesiva
- Lanterna
- Lápis
- Régua de 30 cm
- Tesoura sem pontas

Procedimentos DUPLA

1. Com o lápis e a régua, desenhem três quadrados na cartolina com 30 cm de lado.

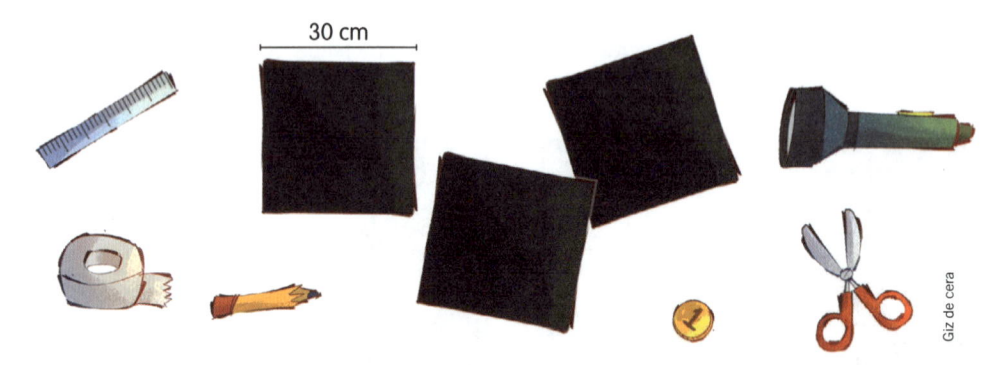

2. Recortem os quadrados com cuidado.
3. Agora vocês vão marcar o centro de cada um dos quadrados e fazer um furo do tamanho da moeda de 1 real, usando-a para fazer o contorno do buraco. É importante que os furos nos três quadrados sejam feitos na mesma altura! Se for preciso, peçam a ajuda de um adulto para fazer os furos.
4. Ao final, vocês terão três quadrados com furos no meio, que chamaremos de cartões.
5. Sobre uma carteira ou bancada, alinhem os três cartões, colocando um na frente do outro, de modo que os furos também fiquem alinhados.

6. Deixem os cartões "em pé": dobrem uma aba em cada cartão, fazendo-a de base, e prendam-na com fita adesiva na carteira ou bancada. Lembrem-se de que as abas dos três cartões devem ser do mesmo tamanho, para que os furos fiquem alinhados.
7. Um de vocês deve apontar a lanterna acesa na frente do furo do primeiro cartão; o colega fica do outro lado da montagem e vai verificar se consegue ver a luz através dos três furos.

Giz de cera

8. Agora, desloquem o segundo cartão para o lado, cerca de 5 cm, fixando-o novamente com fita adesiva sobre a carteira ou bancada. A lanterna será apontada novamente para o furo do primeiro cartão e o colega vai verificar se é possível enxergar a luz dessa vez.
9. Troquem de lugar e repitam os passos 6 a 8.

1 Analise os **resultados**. Em qual das situações foi possível observar a luz do outro lado da montagem: com os cartões alinhados ou com os cartões desalinhados? _____

2 Com os cartões desalinhados, que tipo de movimento a luz deveria fazer para que fosse possível enxergá-la do outro lado da montagem?

_____

3 Qual é a **conclusão** do experimento em relação ao trajeto da luz? ORAL

A luz e as cores

> Imagine que você espalhou lápis coloridos no chão de um cômodo escuro e os iluminou com uma lanterna encapada com papel celofane vermelho. Você conseguiria distinguir as cores dos lápis da mesma maneira que no caso de eles serem iluminados com a lanterna sem o celofane?

ORAL

Para enxergar as cores dos objetos com clareza, é preciso que eles sejam iluminados pela luz branca.

Em 1666, o cientista inglês Isaac Newton fez um experimento em que constatou que a luz do Sol, ao atravessar um prisma de vidro, produzia um feixe de luzes coloridas — as mesmas que vemos no arco-íris. Newton descobriu que a luz do Sol, chamada de luz branca, é formada por várias luzes de cores diferentes.

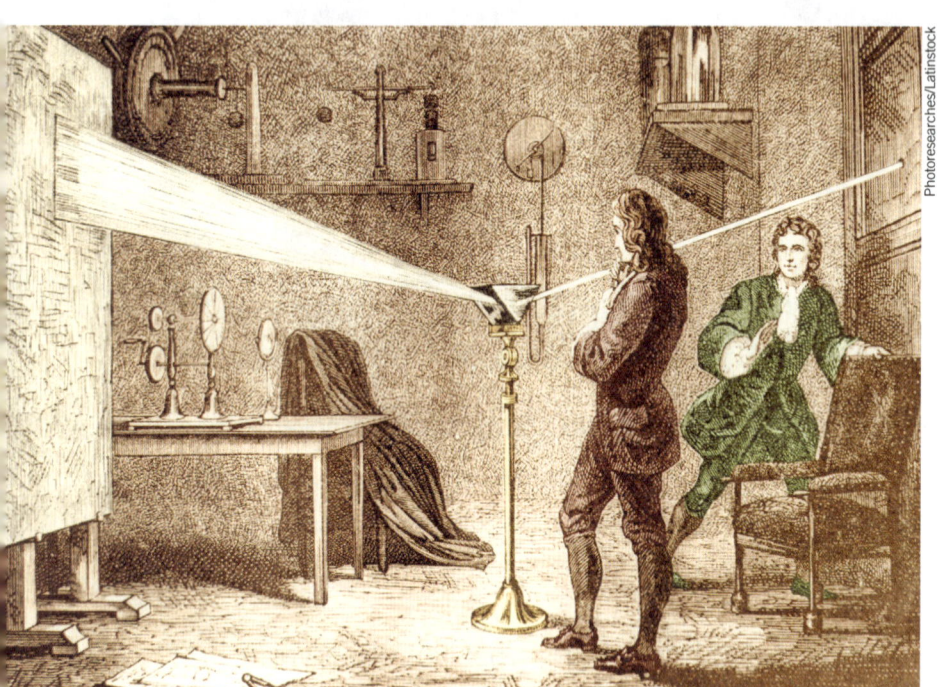

Nós enxergamos cores nos objetos por causa da luz que eles refletem ao serem iluminados pela luz branca. Por exemplo: um objeto é vermelho porque, ao ser iluminado pela luz branca, reflete a luz vermelha, que chega aos nossos olhos; nesse caso, as luzes das demais cores são absorvidas pelo objeto.

Gravura colorida mostrando Isaac Newton (ao centro) realizando sua experiência com a luz e o prisma.

Você sabia?

Há pessoas que nascem sem a capacidade de diferenciar certas cores. Esse distúrbio chama-se **daltonismo**. Uma pessoa daltônica não consegue visualizar o número no centro da figura ao lado. Você consegue enxergar? Que número é esse?

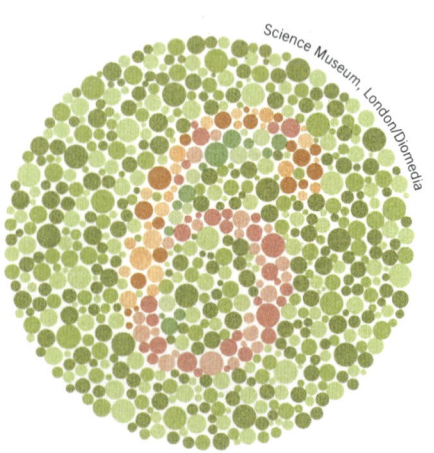

Gente que faz!

Enxergando as cores da luz

Materiais
- Copo transparente de vidro e cheio de água
- Folha de papel sulfite
- Lanterna

Procedimentos
1. Coloque o papel ao lado do copo com água.
2. Acenda a lanterna e ilumine a água. Movimente a lanterna até ver, no papel, um feixe colorido de luz.

> Você conseguiu perceber alguma relação entre esta atividade e o experimento feito por Newton, com o prisma? Explique.

ORAL

Há algo em comum entre a atividade que você realizou, o prisma de Newton e a formação do arco-íris. A luz branca, que parece não ter nenhuma cor, na verdade é uma mistura de luzes de várias cores. Se essas luzes estiverem juntas, não é possível ver nenhuma cor, mas, se fizermos algo para separá-las, aí sim poderemos distinguir as diferentes cores. É exatamente isso o que acontece na formação do arco-íris: as gotículas de água suspensas no ar atuam como prismas, pois decompõem a luz branca do Sol em luzes de diferentes cores!

O arco-íris se forma em dias com alta umidade no ar ou logo após uma chuva. As gotas de água suspensas no ar funcionam como prismas que decompõem a luz branca do Sol, formando o arco-íris.

Atividades

1. Analise as imagens e indique em que forma de energia a energia elétrica foi transformada em cada aparelho.

   Ventilador doméstico.

   Ferro de passar roupa.

2. Destaque as fotos de suco e sopa dos **Adesivos** e cole-as abaixo.

   - Você concorda com as explicações das legendas? Justifique. **ORAL**

3. Observe a imagem e responda às questões.

   a) O cabo da panela deve ser feito de material condutor ou isolante térmico? Justifique.

   b) A parte da panela que vai ao fogo para ser aquecida deve ser feita de material condutor ou isolante térmico? Justifique.

4. Leia o texto, observe as fotografias e responda à questão.

> Os sucos naturais de frutas perdem alguns de seus nutrientes rapidamente depois de preparados. O suco de laranja, por exemplo, perde a vitamina C se ficar exposto à luz durante algum tempo. Com a intenção de manter as propriedades dos sucos por mais tempo, as indústrias desenvolvem e testam maneiras de conservação desses produtos.

- Nas embalagens mostradas nas fotografias há apenas suco natural de laranja. Qual das embalagens conservará a vitamina C do suco por mais tempo? Justifique.

ORAL

5. Recortem de jornais e revistas imagens de materiais e objetos transparentes, opacos e translúcidos.

GRUPO
RECORTE E COLE

- Colem as imagens em uma cartolina, separando-as em 3 grupos de acordo com a tabela. Exponham no mural da classe.
- Registrem na tabela pelo menos três materiais de cada grupo.

Transparentes	Translúcidos	Opacos

Ampliando horizontes...

livros

Energia, de Cristina Garcez e Lucilia Garcez, Callis.
O livro aborda temas ligados à energia: mostra as diferentes formas de produzir energia, explica o que são fontes de energia renováveis e não renováveis, dá dicas para economizar energia e muito mais!

A luz mágica, de Sun Nam Knag, Callis.
A luz pode criar o arco-íris no céu e desenhar a nossa sombra no chão. Esse livro conta como isso acontece e muito mais!

rede de ideias

Como funciona um termômetro?

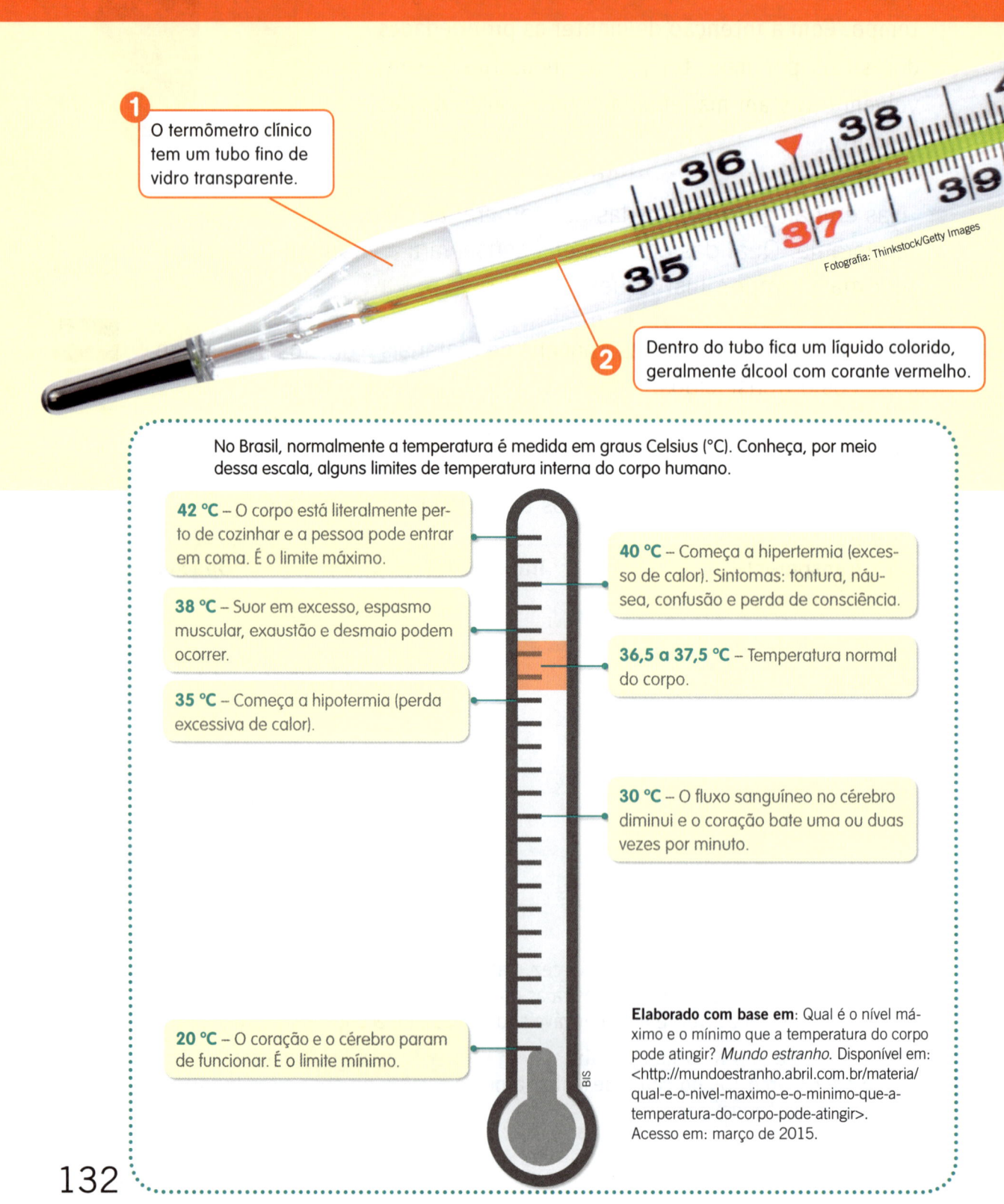

1 O termômetro clínico tem um tubo fino de vidro transparente.

2 Dentro do tubo fica um líquido colorido, geralmente álcool com corante vermelho.

Fotografia: Thinkstock/Getty Images

No Brasil, normalmente a temperatura é medida em graus Celsius (°C). Conheça, por meio dessa escala, alguns limites de temperatura interna do corpo humano.

42 °C – O corpo está literalmente perto de cozinhar e a pessoa pode entrar em coma. É o limite máximo.

38 °C – Suor em excesso, espasmo muscular, exaustão e desmaio podem ocorrer.

35 °C – Começa a hipotermia (perda excessiva de calor).

40 °C – Começa a hipertermia (excesso de calor). Sintomas: tontura, náusea, confusão e perda de consciência.

36,5 a 37,5 °C – Temperatura normal do corpo.

30 °C – O fluxo sanguíneo no cérebro diminui e o coração bate uma ou duas vezes por minuto.

20 °C – O coração e o cérebro param de funcionar. É o limite mínimo.

Elaborado com base em: Qual é o nível máximo e o mínimo que a temperatura do corpo pode atingir? *Mundo estranho*. Disponível em: <http://mundoestranho.abril.com.br/materia/qual-e-o-nivel-maximo-e-o-minimo-que-a-temperatura-do-corpo-pode-atingir>. Acesso em: março de 2015.

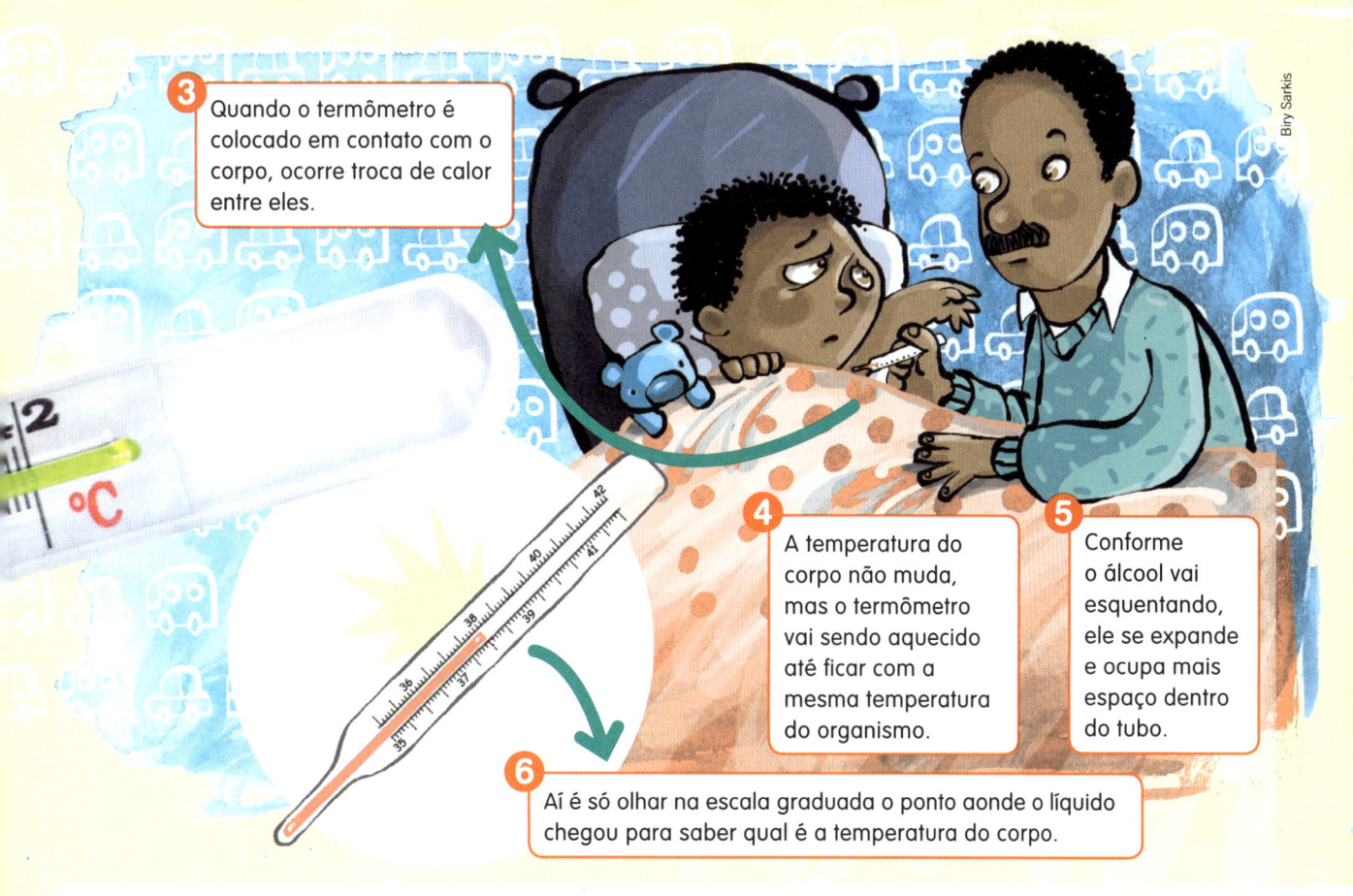

3 Quando o termômetro é colocado em contato com o corpo, ocorre troca de calor entre eles.

4 A temperatura do corpo não muda, mas o termômetro vai sendo aquecido até ficar com a mesma temperatura do organismo.

5 Conforme o álcool vai esquentando, ele se expande e ocupa mais espaço dentro do tubo.

6 Aí é só olhar na escala graduada o ponto aonde o líquido chegou para saber qual é a temperatura do corpo.

1 No funcionamento do termômetro, qual é o sentido em que o calor flui: do instrumento para o corpo ou do corpo para o instrumento? Justifique sua resposta. _____

2 O termômetro poderia ser feito de plástico? Por quê? **ORAL**

3 Quanto maior for a temperatura do corpo, mais alto o líquido vai chegar dentro do tubo do termômetro. Que efeito do calor explica isso? **ORAL**

4 Façam uma pesquisa de acordo com as perguntas abaixo. Registrem os resultados em uma folha à parte e depois compartilhem as informações com os colegas. **DUPLA**
- Alguns termômetros usam, em vez do álcool, o mercúrio, um metal líquido. Se um termômetro quebrar e o mercúrio vazar, não se deve tocar nele sem proteção. Por quê?
- Quem foi o primeiro cientista a criar um instrumento especialmente para medir a temperatura? Quando isso aconteceu?
- Como os termômetros digitais funcionam?

133

QUAL É A PEGADA?
economia

Como economizar energia elétrica em casa

Diga aos adultos da sua casa para dar preferência aos eletrodomésticos com o selo Procel.

Tome banhos rápidos e peça a um adulto para deixar o chuveiro no modo "verão", sempre que possível.

Ocupar o máximo de espaço indicado na máquina de lavar roupas gasta menos energia.

Não deixe a luz acesa em um cômodo onde não há ninguém.

A roupa deve ser passada de uma vez só, pois o ferro elétrico gasta muita energia para ser aquecido.

Vistorie a geladeira: as prateleiras não devem estar forradas, pois isso dificulta a passagem do ar e gasta mais energia.

1. Imaginem que vocês trabalham em uma agência de publicidade e devem elaborar uma campanha para alertar as pessoas sobre a economia de energia elétrica.

- Elaborem folhetos, cartazes e outros materiais para divulgar suas ideias e informações.

GRUPO

Se tiver televisão no quarto, nunca durma com o aparelho ligado: programe-o para desligar sozinho, se tiver esse recurso.

Fiscalize sua casa: não deixe a televisão ligada se ninguém estiver assistindo. Se não for usá-la durante um tempo maior que uma hora, tire-a da tomada. Isso vale para os outros aparelhos que costumam ficar plugados.

Deixe as janelas abertas para que a luz do dia ilumine o ambiente.

Biry Sarkis

Elaborado com base em: <www.coletivoverde.com.br/dicas-economia-energia>; <www.selecoes.com.br/10-formas-de-economizar-energia-eletrica>; <http://noticias.r7.com/blogs/infografia/2011/06/01/saiba-como-economizar-energia-eletrica-e-evitar-acidentes>. Acesso em: março de 2015.

- No dia marcado pelo professor, apresentem sua campanha para os colegas e vejam as campanhas dos outros grupos.
- O professor vai escolher alguns dos materiais elaborados pela classe para serem distribuídos ou afixados em locais adequados para alertar as pessoas sobre a importância da economia de energia elétrica.

UNIDADE 7

O solo e o ar

O balonismo é uma atividade esportiva, mas, em alguns lugares, os balões são usados em voos turísticos.

Converse com os colegas e responda às questões.

1. Descrevam o que vocês observam na imagem.
2. Vocês acham que as montanhas sempre tiveram o mesmo formato e tamanho?
3. O que mantém o balão no ar?

Solo

Do que é formado o solo? ORAL

Ao observar uma montanha, podemos ter a impressão de que ela sempre esteve ali e que sempre teve a mesma forma. No entanto, ela já passou por muitas transformações, que continuam ocorrendo até os dias de hoje.

Na maioria das vezes, as transformações ocorrem tão lentamente que é difícil percebê-las; é o caso da formação do solo, que acontece ao longo de centenas ou milhares de anos.

Como o solo se forma

1 O solo é formado a partir das rochas. As rochas se fragmentam e se desgastam por diversos fatores, como a água da chuva, os ventos e as mudanças de temperatura.

Rocha: material sólido que forma a superfície da Terra. É composta de diferentes minerais.

Rocha

2 Por milhões de anos, a ação desses fatores leva ao surgimento de grãos de diferentes tipos.

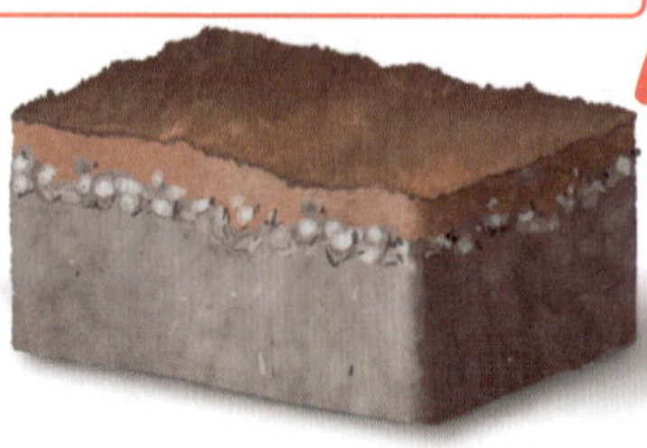

Esquema simplificado. Elementos não representados em proporção de tamanho entre si. As cores não correspondem aos tons reais.

3 Alguns seres vivos conseguem viver sobre ou entre os fragmentos de rocha e ajudam a modificá-la. Com o tempo, uma camada de matéria orgânica, formada por restos de animais, vegetais e outros seres vivos, vai se acumulando sobre os fragmentos de rocha. Essa mistura já pode ser chamada de **solo**.
Além dos minúsculos fragmentos resultantes do desgaste das rochas, o solo é composto de água, ar e matéria orgânica (restos de plantas, animais e outros seres vivos em decomposição).

4 Passados vários anos, animais e plantas maiores começam a viver nesse solo, aumentando a camada de matéria orgânica e tornando-o mais profundo.

Ilustrações: Carlos Bourdiel

138

Gente que faz!

Conhecendo diferentes tipos de solo

Materiais
- 1 colher de sopa
- 1 copo graduado em mL
- 1 cronômetro ou 1 relógio
- 1 par de luvas plásticas
- 3 etiquetas
- 3 filtros de papel
- 3 garrafas PET incolores cortadas ao meio
- Água
- Areia
- Argila
- Folhas de jornal
- Lápis ou caneta
- Terra para jardim

Procedimentos GRUPO

1. Cubram a área de trabalho com as folhas de jornal e coloquem as luvas.
2. Decida com os colegas que tipo de solo (terra para jardim, areia e argila) cada um irá analisar. Coloque uma colher do tipo de solo que você escolheu sobre a folha de jornal.
3. Registre no caderno as características desse solo: tamanho das partículas, cor, textura, cheiro.
4. O professor entregará para cada grupo 3 garrafas PET cortadas ao meio. Encaixe o filtro de papel na parte de cima da garrafa PET, para transformá-la em funil. Apoie-o na parte de baixo da garrafa, que será usada como copo.
5. Escreva na etiqueta o tipo de solo que está sendo analisado e cole-a no copo.
6. No funil, coloque cerca de quatro colheres do solo escolhido e despeje sobre ele 200 mL de água.
7. Assim que despejar a água, marque 1 minuto no relógio ou no cronômetro. Depois de 1 minuto, transfira o líquido para o copo graduado e verifique o volume. Registre a quantidade de água escoada pelo solo analisado.
8. Os colegas do seu grupo deverão ter feito o mesmo: comparem os resultados.

1 Qual tipo de solo apresenta as maiores partículas: solo fértil (terra para jardim), areia ou argila? _____

2 Por qual tipo de solo a água escoou com mais facilidade? Explique.

_____

3 Ordene os tipos de solo de acordo com a sua permeabilidade, ou seja, a capacidade de permitir o escoamento da água. Ordene do mais permeável ao menos permeável. _____

4 Como **conclusão**, elabore uma explicação para os **resultados** observados, associando o tamanho das partículas de solo à sua capacidade de escoamento. ORAL

139

Uso e conservação

Há solos nos quais predomina a areia e por isso são chamados arenosos. Há solos com mais matéria orgânica e, por isso, são mais apropriados para o cultivo de plantas. Existem solos que retêm água, outros que permitem o seu escoamento com facilidade.

Independentemente do tipo de solo, os seres humanos necessitam desse recurso natural, pois é no solo que construímos nossas casas, plantamos alimentos e dele extraímos outros recursos naturais importantes para o desenvolvimento econômico da sociedade.

Além disso, o solo é o hábitat de muitos seres vivos, como microrganismos (fungos e bactérias), minhocas, insetos e até animais maiores, como as toupeiras.

Hábitat: lugar em que vive um organismo.

É sobre o solo que a maioria das pessoas constrói suas moradias.

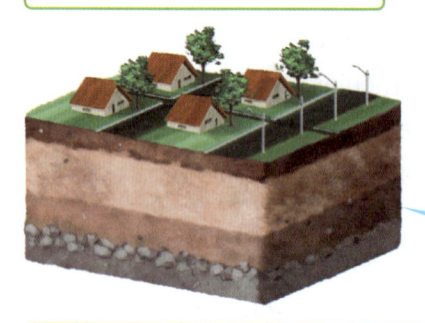

Na fotografia, conjunto habitacional em Visconde do Rio Branco (MG), 2013.

Do solo são retirados recursos como o petróleo e diversos minérios usados em nossa sociedade.

Minério: mineral ou rocha de interesse econômico.

Na fotografia, extração de hematita em Belo Horizonte (MG), 2012. A hematita é o minério do qual extraímos o ferro.

Os solos ricos em matéria orgânica, chamados de férteis, são adequados para o desenvolvimento da maioria dos vegetais usados em nossa alimentação, por isso eles são muito usados na agricultura.

Geralmente, os solos férteis são de coloração escura e ricos em matéria orgânica, favorecendo o desenvolvimento das plantas. Além disso, têm ar entre suas partículas, o que permite a respiração das raízes das plantas, e retêm boa quantidade de água. Na fotografia, plantação de alface em Arapiraca (AL), 2012.

A falta de cuidados com o solo pode torná-lo impróprio para a humanidade e para os demais seres vivos que dele dependem. Dois problemas que podem ocorrer com o solo são o **esgotamento** e a **erosão**.

O esgotamento do solo caracteriza-se pela perda de nutrientes. Isso acontece em decorrência do plantio excessivo ou da retirada da camada fértil do solo.

Um solo que sofreu esgotamento fica infértil. É possível evitar o esgotamento por meio de técnicas agrícolas como a rotação de culturas. Na fotografia, solo que sofreu esgotamento em Manoel Viana (RS), 2012.

Em geral, os agricultores utilizam adubos para corrigir o esgotamento do solo.

Existem adubos orgânicos (ou naturais), que são formados por restos de vegetais ou fezes secas de animais. Na fotografia, adubação do solo em São José do Rio Preto (SP), 2013.

A erosão é a remoção de partículas de rochas e solos (férteis ou não) por agentes erosivos, como o vento, a chuva e a água dos rios. A retirada da cobertura vegetal do solo faz com que ele fique mais suscetível a sofrer erosão.

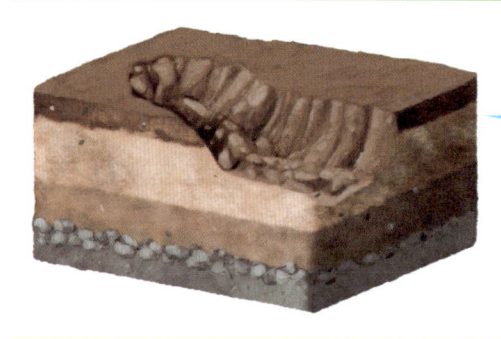

O vento e as chuvas podem carregar a camada fértil do solo, tornando-o impróprio para o desenvolvimento das plantas. Na fotografia, solo erodido em Registro (SP), 2012.

Esquema simplificado. Elementos não representados em proporção de tamanho entre si. As cores não correspondem aos tons reais.

141

Ar

Do que você acha que é formado o ar que respiramos? `ORAL`

O ar é formado por diferentes gases, como o nitrogênio (o mais abundante), o gás oxigênio, o gás carbônico e o vapor-d'água.

Para você ter uma ideia, se todo o ar do planeta fosse usado para encher 100 balões e seus componentes fossem separados, teríamos:

Proporção de gases da atmosfera

Nitrogênio: 78%
O **nitrogênio** é o gás mais abundante na atmosfera. Ele não é utilizado na respiração dos seres vivos. No entanto, alguns microrganismos conseguem captar esse gás e convertê-lo em compostos que são aproveitados pelas plantas.

Gás oxigênio: 21%
O gás **oxigênio** é utilizado na respiração da maioria dos seres vivos.
A fotossíntese, processo realizado pelas plantas, pelas algas e por certas bactérias, libera oxigênio, o que garante o provimento desse gás na atmosfera.
O gás oxigênio também é necessário em reações químicas, como nas reações de combustão (queima).

Outros gases: 1%
O gás **carbônico** é utilizado pelos organismos produtores na fotossíntese.
Nas indústrias, esse gás é utilizado, por exemplo, em refrigerantes e extintores de incêndio.

A camada de ar que envolve a Terra é chamada **atmosfera**.

A atmosfera é formada pela troposfera, pela estratosfera, pela mesosfera, pela termosfera e pela exosfera.

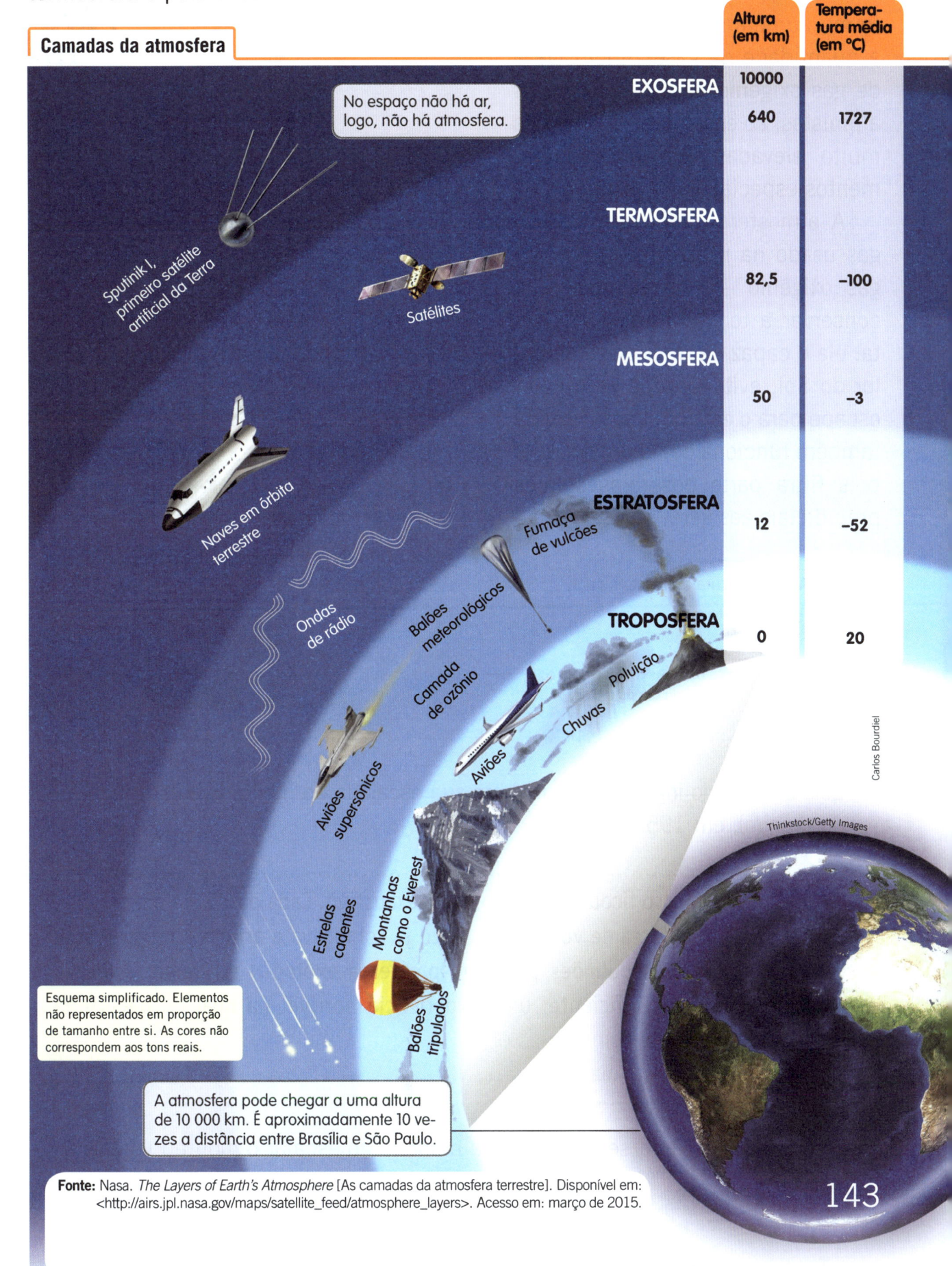

Camadas da atmosfera

Camada	Altura (em km)	Temperatura média (em °C)
EXOSFERA	10000	
	640	1727
TERMOSFERA		
	82,5	–100
MESOSFERA		
	50	–3
ESTRATOSFERA		
	12	–52
TROPOSFERA		
	0	20

No espaço não há ar, logo, não há atmosfera.

Sputinik I, primeiro satélite artificial da Terra

Satélites

Naves em órbita terrestre

Ondas de rádio

Balões meteorológicos

Fumaça de vulcões

Camada de ozônio

Aviões supersônicos

Aviões

Chuvas

Poluição

Estrelas cadentes

Montanhas como o Everest

Balões tripulados

Esquema simplificado. Elementos não representados em proporção de tamanho entre si. As cores não correspondem aos tons reais.

A atmosfera pode chegar a uma altura de 10 000 km. É aproximadamente 10 vezes a distância entre Brasília e São Paulo.

Fonte: Nasa. *The Layers of Earth's Atmosphere* [As camadas da atmosfera terrestre]. Disponível em: <http://airs.jpl.nasa.gov/maps/satellite_feed/atmosphere_layers>. Acesso em: março de 2015.

Na parte baixa da atmosfera, isto é, próxima à superfície do planeta, há maior quantidade de gases. Conforme aumenta a altitude, diminui a quantidade de gases, inclusive a de gás oxigênio. É por isso que os alpinistas, ao escalarem montanhas muito elevadas, utilizam equipamentos especiais para respirar.

A atmosfera, além de conter o gás usado na nossa respiração – o gás oxigênio –, tem a função de conservar a temperatura do planeta: ela é capaz de reter parte do calor do Sol, evitando que esse calor escape para o espaço. Essa camada também funciona como um escudo, pois filtra parte dos raios solares prejudiciais aos seres vivos.

Altitude: altura em relação ao nível do mar.

Quanto mais alto, menos oxigênio e mais difícil de respirar.

As bolinhas representam os gases da atmosfera

Elementos não representados em proporção de tamanho entre si. As cores não correspondem aos tons reais.

1. Leia o relato do inglês *Sir* Hunt sobre sua escalada do monte Everest (o mais alto do mundo), em 1953.

> Nosso progresso ficou mais lento, mais exaustivo. Cada passo era um esforço, só possível com força de vontade. [...] Eu já começava a arfar e a respirar com dificuldade... Meus pulmões pareciam prestes a explodir; eu gemia e lutava para conseguir ar suficiente; uma experiência horrível na qual eu não tinha nenhum autocontrole.
>
> Frances Ashcroft. *A vida no limite – a ciência da sobrevivência*. Rio de Janeiro: Jorge Zahar, 2001. p. 31.

■ Por que *Sir* Hunt se sentiu dessa maneira ao escalar o monte Everest? **ORAL**

Gás carbônico e efeito estufa

O gás carbônico é um dos gases responsáveis pela manutenção da temperatura na Terra, pois ele retém parte do calor do Sol na atmosfera. Esse processo natural chama-se **efeito estufa** e é de grande importância para a existência da vida no planeta.

O problema que enfrentamos atualmente é a **intensificação do efeito estufa** provocada por atividades humanas que liberam grandes quantidades de gás carbônico – e outros gases, como o metano – na atmosfera. Com isso, a retenção do calor na Terra aumenta e leva ao **aquecimento global**.

EM EQUILÍBRIO

Os raios de Sol chegam à superfície da Terra e aquecem o planeta.

Em uma situação de equilíbrio, os gases de efeito estufa presentes na atmosfera são usados em processos naturais, como a fotossíntese.

EM DESEQUILÍBRIO

A intensificação do efeito estufa é decorrente da ação humana. Diversas atividades liberam na atmosfera uma quantidade de gás carbônico maior do que a natureza consegue utilizar. Esse excesso de gases de efeito estufa faz com que a temperatura da Terra se eleve, causando o aquecimento global.

Esse calor é mantido na superfície pelos gases de efeito estufa, como o gás carbônico. Esses gases impedem que parte do calor volte para o espaço.

Esquema simplificado. Elementos não representados em proporção de tamanho entre si. As cores não correspondem aos tons reais.

Carlos Bourdiel

1. Na queima dos combustíveis de automóveis há liberação de gases de efeito estufa. Proponha atitudes que as pessoas podem adotar para reduzir o uso dos automóveis e, dessa forma, ajudar o planeta.

145

Aquecimento global

O aquecimento global é o aumento significativo da temperatura média do planeta em um período relativamente curto, decorrente da atividade humana. Esse é um dos problemas ambientais mais graves enfrentados pela sociedade atual.

Conheça as atividades que geram os gases de efeito estufa e algumas das consequências do aquecimento global.

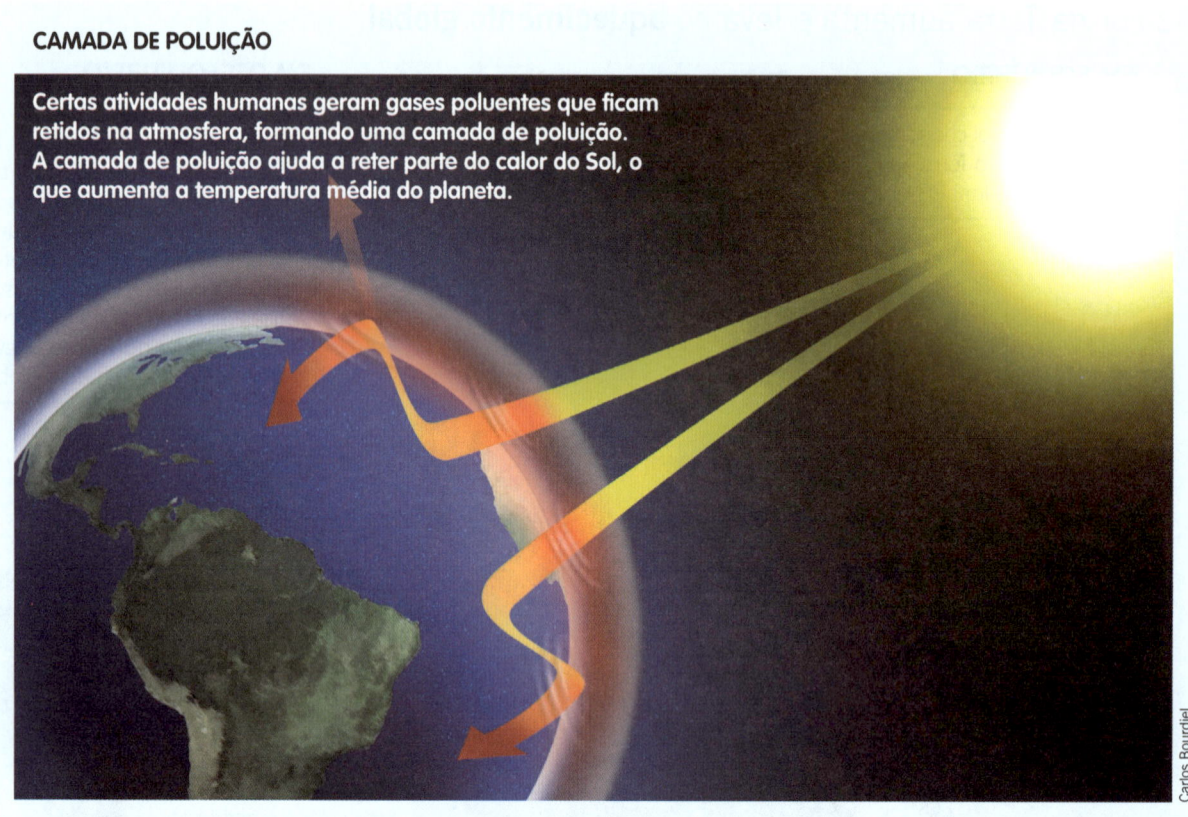

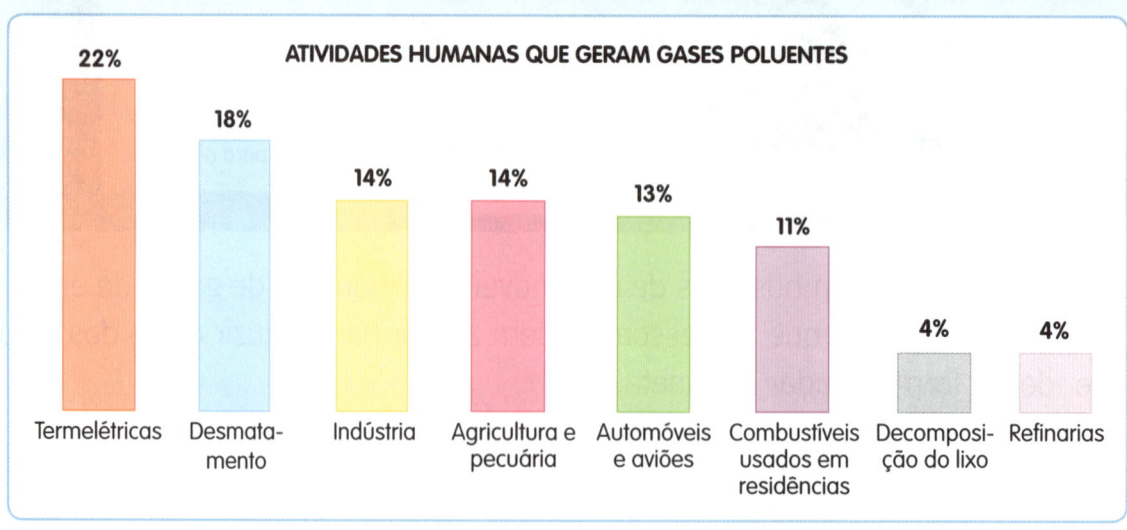

CAMADA DE POLUIÇÃO

Certas atividades humanas geram gases poluentes que ficam retidos na atmosfera, formando uma camada de poluição. A camada de poluição ajuda a reter parte do calor do Sol, o que aumenta a temperatura média do planeta.

ATIVIDADES HUMANAS QUE GERAM GASES POLUENTES

- Termelétricas: 22%
- Desmatamento: 18%
- Indústria: 14%
- Agricultura e pecuária: 14%
- Automóveis e aviões: 13%
- Combustíveis usados em residências: 11%
- Decomposição do lixo: 4%
- Refinarias: 4%

1. Leia o texto.

> Muitas pessoas acham que somente os governantes podem fazer alguma coisa para evitar o aquecimento global. O que elas não consideram é que pequenas mudanças de hábito podem ajudar a enfrentar esse problema ambiental. Por exemplo, ao caminhar ou usar bicicleta no lugar do carro, reduzimos a queima de combustíveis que gera gases do efeito estufa.

- Com os colegas, pesquise outras atitudes que as pessoas podem tomar para evitar o aquecimento global. **GRUPO**

O calor excessivo aquece acima do normal a água do mar e aumenta a velocidade dos ventos. O movimento dos ventos e as partículas de vapor-d'água formam ciclones, que são como furações, só que no mar.

O calor causa o derretimento do gelo nos polos e no alto das montanhas. Isso aumenta o nível do mar, afetando cidades litorâneas.

O calor aumenta os riscos de queimadas. A floresta Amazônica é uma das mais prejudicadas. Ela corre o risco de perder sua mata fechada e seus rios volumosos.

O aumento da temperatura dificulta a formação de chuvas. A falta de água prejudica as plantações e a criação de animais.

Ilustrações: Carlos Bourdiel

Esquema simplificado. Elementos não representados em proporção de tamanho entre si. As cores não correspondem aos tons reais.

Elaborado com base em: Relatório da ONG Pew Center on Global Climate Change. Em: *Revista Escola Abril*. Disponível em: <http://revistaescola.abril.com.br/img/ciencias/203-aquecimento-global.pdf>. Acesso em: março de 2015.

Atividades

1. Destaque a tabela da página 3 do **Material Complementar** e complete-a. Depois responda à questão.

   ■ O que evita os dois problemas apresentados na tabela?

   _____

   _____

2. O ar é composto de uma mistura de gases e nós utilizamos o gás oxigênio na respiração. O que acontece com os demais gases que entram no corpo quando respiramos?

   _____

   _____

3. Jogadores de futebol brasileiros, ao jogar em locais de altitude elevada, podem sentir dificuldade para respirar. Em qual das cidades citadas na tabela seria mais provável que os brasileiros sentissem "falta de ar"? Por quê?

   _____

   _____

País	Cidade	Altitude
Argentina	Buenos Aires	30 m
Bolívia	La Paz	3 600 m
Brasil	Rio de Janeiro	5 m
Chile	Santiago	520 m
Venezuela	Caracas	1 000 m

Fonte: BBC Brasil. Disponível em: <www.bbc.co.uk/portuguese/reporterbbc/story/2008/01/080102_futebolaltitude_ba.shtml>. Acesso em: março de 2015.

4. Elabore uma frase relacionando as palavras do quadro com a formação do solo.

   | rocha | água | seres vivos | desgaste |

   _____

   _____

5. Leia o texto.

> Queimar um terreno para limpá-lo antes da plantação é uma técnica antiga da agricultura. O fogo elimina as plantas indesejadas, mas também mata muitos microrganismos e animais do solo, além de lançar na atmosfera gases de efeito estufa.

Queimada em Lagoa dos Gatos (PE), 2012.

a) Como a morte de microrganismos e animais do solo pode prejudicar as futuras plantações? _____

_____

b) Qual é o problema ambiental que é agravado pelos gases liberados durante as queimadas? _____

6. Leiam os recortes das manchetes de jornal. **DUPLA**

> **Universidade prepara curso sobre conservação de solos para agricultores da região**

> **População mundial aumenta sem parar. Haverá alimento para tanta gente?**

> **Sem cuidados, solos não servem mais para o plantio**

■ Relacionem as três manchetes de jornal. Depois, em uma folha à parte, escrevam um texto com suas conclusões.

Ampliando horizontes...

livro
Chega de degradação do solo!, de Josep Palau e Rosa M. Curto, Ciranda Cultural.
O urso Ginkgo conta sobre a importância do solo e mostra que com o solo pobre, sujo e infértil muitos animais e plantas não conseguem viver, e até os seres humanos não podem se alimentar nem apreciar as paisagens.

site
Livro animado, Aquecimento global. Disponível em: <http://iguinho.ig.com.br/turmadosuperv/livro_aquecimento.html>. Conheça um pouco mais sobre o aquecimento global.

rede de ideias

E se a temperatura subir?

Planeta Sustentável

OS CIENTISTAS ADVERTEM

Se a temperatura média do planeta subir mais de 2 °C, as consequências podem ser desagradáveis

DERRETIMENTO DAS GELEIRAS: prejudica o suprimento de água para 50 milhões de pessoas.

ESPÉCIES EXTINTAS: 15% a 40% das espécies serão ameaçadas.

REDUÇÃO DE RECIFES DE CORAL: morte de 80% dos recifes do planeta.

TEMPESTADES, INCÊNDIOS E ONDAS DE CALOR: põem em risco 10 milhões de pessoas, expostas a enchentes nas regiões costeiras.

0,8 °C HOJE — 1 °C — 2 °C

1 Segundo o infográfico, que aumento é observado nas temperaturas médias do planeta nos dias de hoje e quais são as consequências disso?

2 Os cientistas afirmam que, se a temperatura média do planeta subir mais de 2 °C, as consequências podem ser desagradáveis. Cite essas consequências.

ESCASSEZ DE ÁGUA: afetará entre 1 bilhão e 4 bilhões de pessoas.

MUDANÇAS CLIMÁTICAS: elevação do risco de mudanças no mecanismo das monções e de colapso na camada de gelo da Antártica Ocidental e do sistema do Atlântico de águas quentes.

QUEDA NA PRODUÇÃO AGRÍCOLA: pode chegar a 500 milhões o número de pessoas expostas à fome e a 3 milhões as que podem morrer de desnutrição.

Monção: fenômeno típico das regiões Sul e Sudeste da Ásia, no qual o clima é influenciado por massas de ar.

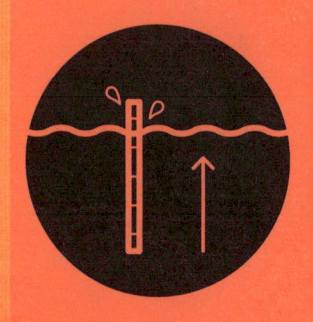

ELEVAÇÃO DOS MARES: ameaça de desaparecimento de pequenas ilhas, da costa da Flórida e das cidades de Nova York, Londres e Tóquio.

3 °C   4 °C

Planeta sustentável. Disponível em: <http://planetasustentavel.abril.com.br/infograficos/popup.shtml?file=/download/stand1-painel3-aumento-temperatura.pdf&img_src=/imagem/infograficos-os-cientistas-advertem.jpg>. Acesso em: abril de 2015.

3 Como a agropecuária, além de agravar o aquecimento global, pode prejudicar o solo? _____

4 A população mundial tende a aumentar nos próximos anos. Converse com os colegas e proponham soluções para que o desenvolvimento social e econômico da população não agrave o problema do aquecimento global. `ORAL`

151

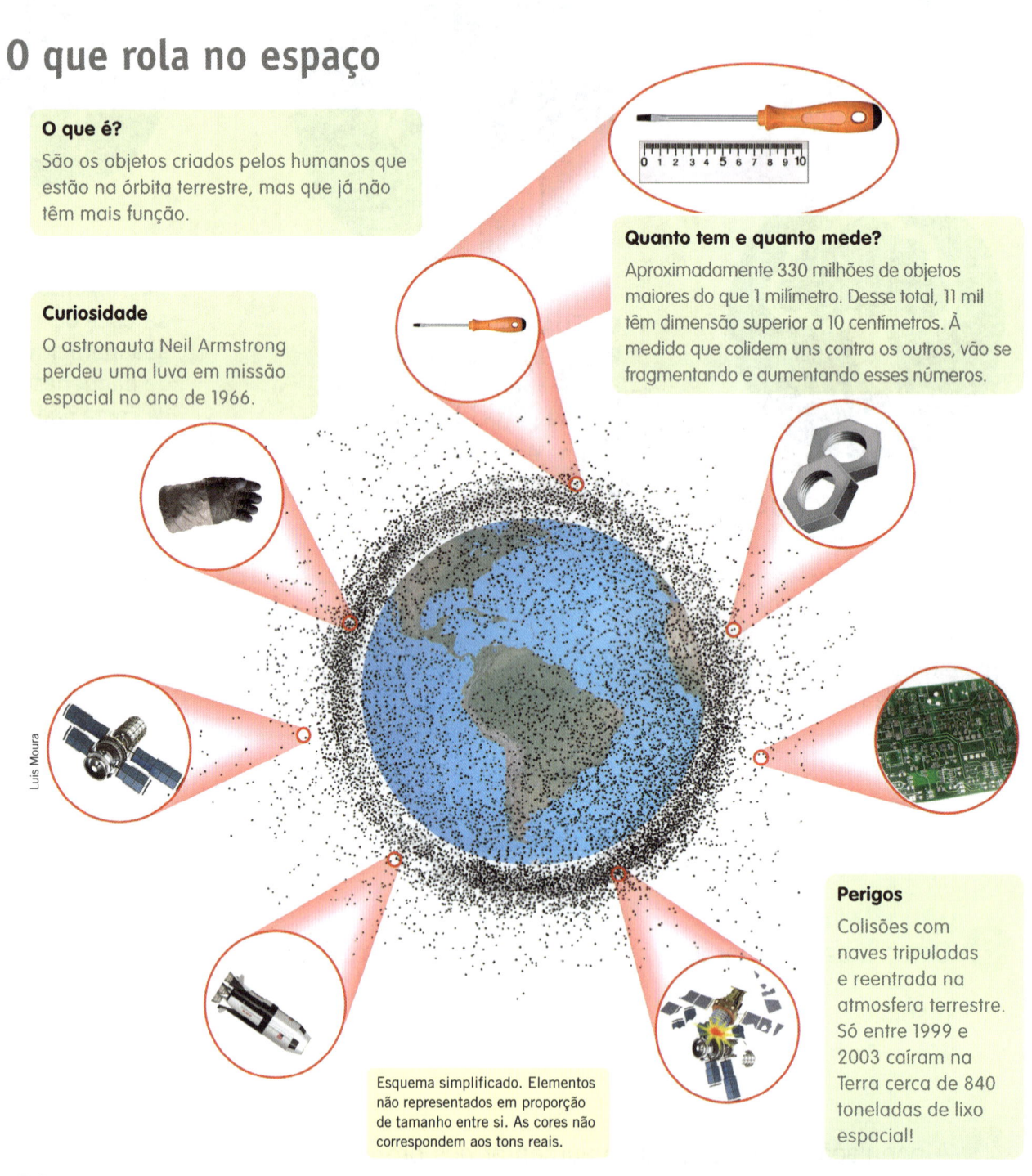

QUAL É A PEGADA?
lixo espacial

O que rola no espaço

O que é?
São os objetos criados pelos humanos que estão na órbita terrestre, mas que já não têm mais função.

Curiosidade
O astronauta Neil Armstrong perdeu uma luva em missão espacial no ano de 1966.

Quanto tem e quanto mede?
Aproximadamente 330 milhões de objetos maiores do que 1 milímetro. Desse total, 11 mil têm dimensão superior a 10 centímetros. À medida que colidem uns contra os outros, vão se fragmentando e aumentando esses números.

Perigos
Colisões com naves tripuladas e reentrada na atmosfera terrestre. Só entre 1999 e 2003 caíram na Terra cerca de 840 toneladas de lixo espacial!

Esquema simplificado. Elementos não representados em proporção de tamanho entre si. As cores não correspondem aos tons reais.

Elaborado com base em: Yuri Vasconcelos. Quanto lixo existe em torno da Terra? *Mundo estranho*. Disponível em: <http://mundoestranho.abril.com.br/materia/quanto-lixo-existe-em-torno-da-terra>; *Inpe*. O que é lixo espacial. Disponível em: <www.inpe.br/acessoainformacao/node/404>; *Nasa*. Disponível em: <http://earthobservatory.nasa.gov/IOTD/view.php?id=40173>. Acessos em: março de 2015.

152

1. Os pontinhos em volta da figura da Terra representam o lixo espacial que está na órbita do planeta. Por que não vemos esses objetos se olharmos para o céu a olho nu? **ORAL**

_____

_____

2. Como o lixo espacial entra na órbita terrestre? Por que ele se acumula na órbita do planeta?

_____

_____

_____

3. Assim como o lixo espacial se acumula na órbita terrestre, pode haver lixo eletrônico se acumulando onde você mora. Na sua casa, há muitos equipamentos que funcionam com pilhas ou baterias? Cite alguns.

_____

4. Como podemos minimizar os problemas causados pelo lixo eletrônico?

_____

_____

5. Vamos fazer uma campanha na escola para arrecadar pilhas e baterias usadas. **GRUPO**

- Criem cartazes alertando sobre os riscos do descarte incorreto de pilhas e baterias. Pesquisem em livros, jornais e internet para ampliar o conhecimento de vocês sobre o assunto.
- O professor dirá em quais locais da escola os cartazes podem ser fixados. Junto aos cartazes, serão colocadas caixas de papelão para arrecadar as pilhas e baterias usadas.
- Vocês ficarão incumbidos de, uma vez por semana, recolher as caixas e juntar o lixo eletrônico para que o professor se encarregue de levá-lo a um posto de coleta.

153

UNIDADE 8

Biomas brasileiros

Da esquerda para a direita, paisagens típicas dos biomas brasileiros: Amazônia, Cerrado, Mata Atlântica, Caatinga, Pantanal e Pampa.

Converse com os colegas e responda às questões.

1. No Brasil, as paisagens naturais podem ser muito diferentes.
    a) Vocês já viram como são as paisagens naturais no Sul do Brasil? E no Nordeste?
    b) E no estado onde vocês moram?

2. Diversas ações e atividades dos seres humanos modificam o ambiente. Citem duas ações que prejudicam a natureza e duas que ajudam a preservá-la.

Biomas do Brasil

Observe o mapa dos biomas brasileiros. Você acha que, em uma viagem pelos diversos estados, seria possível identificar claramente onde começa e onde termina um bioma?

ORAL

Biomas brasileiros

Legenda:
- Amazônia
- Mata Atlântica
- Cerrado
- Pantanal
- Caatinga
- Pampa
- Área desmatada

Fonte: IBGE. *Atlas Geográfico Escolar*: Ensino Fundamental. Disponível em: <http://7a12.ibge.gov.br/images/7a12/mapas/Brasil/biomas.pdf>. Acesso em: março de 2015.

O Brasil possui uma enorme extensão territorial e apresenta climas e solos muito variados. Em função dessas características, podemos notar uma diversidade de **biomas**.

> **Bioma** é uma região ampla que apresenta vegetação, fauna, solo e clima característicos.

156

No Brasil, é possível identificar seis biomas: Amazônia, Caatinga, Cerrado, Mata Atlântica, Pantanal e Pampa. Originalmente, eles ocupavam todo o território brasileiro, de acordo com as cores do mapa.

Grande parte dessa área foi transformada para dar lugar às construções humanas ou à agricultura e à pastagem, como mostram os pontinhos vermelhos no mapa. Alguns biomas, como a Mata Atlântica, foram bastante devastados, restando apenas pequenas áreas protegidas. Muitos seres vivos foram eliminados, algumas espécies desapareceram e outras correm risco de extinção.

Na tentativa de preservar algumas áreas naturais, o Governo estabeleceu as **Unidades de Conservação**, que são áreas naturais protegidas por lei. Além disso, o poder público regulamenta a participação da sociedade nessas áreas, permitindo a relação entre o Estado, os cidadãos e o meio ambiente.

Os parques nacionais são exemplos de Unidades de Conservação. Eles são locais de pesquisas e atividades ambientais, além de, em alguns, ser permitido o turismo ecológico. Na fotografia de 2010, Parque Nacional da Serra das Confusões, no Piauí.

1. Converse com os colegas sobre a seguinte questão: É possível que o ser humano viva na Terra sem modificar as paisagens naturais? Explique.

ORAL

Amazônia

A Amazônia é o maior bioma brasileiro. Ocupa estados das regiões Norte, Nordeste e Centro-Oeste do Brasil e se estende por países vizinhos, como Peru, Colômbia, Venezuela e Bolívia.

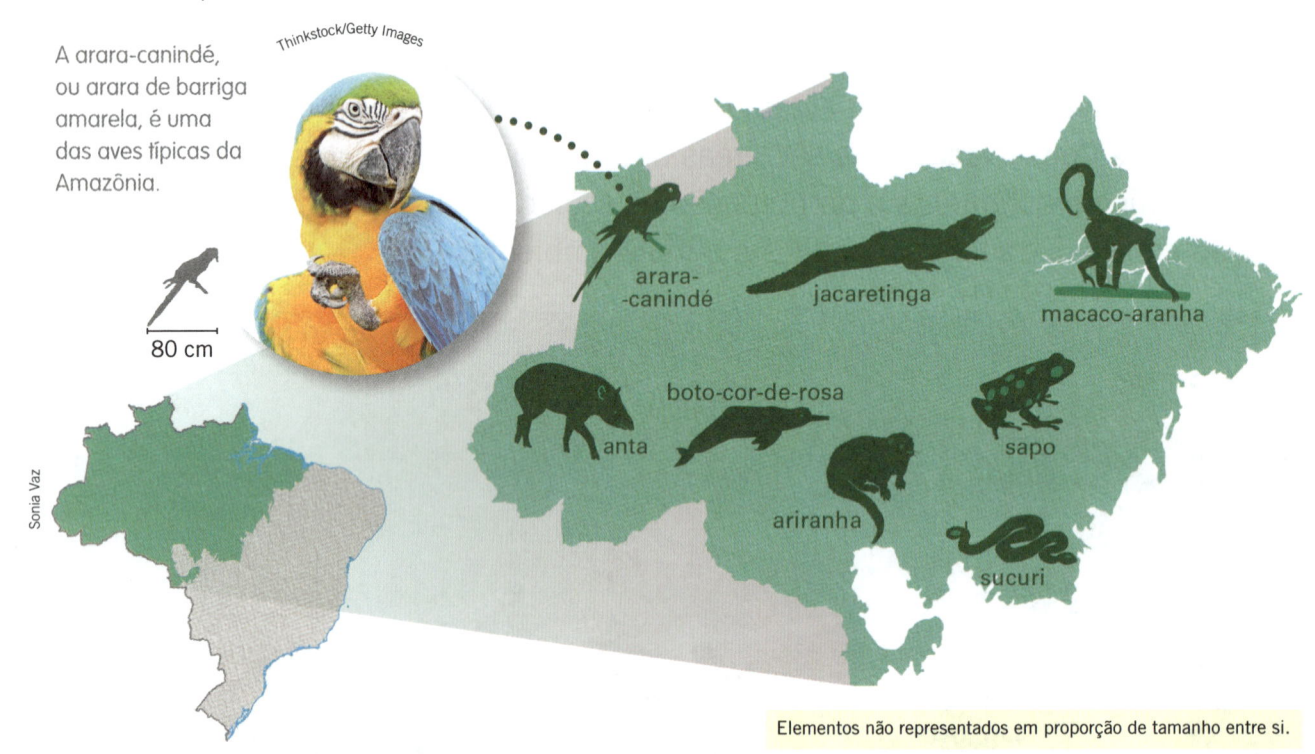

A arara-canindé, ou arara de barriga amarela, é uma das aves típicas da Amazônia.

80 cm

arara-canindé
jacaretinga
macaco-aranha
anta
boto-cor-de-rosa
sapo
ariranha
sucuri

Elementos não representados em proporção de tamanho entre si.

Os povos da floresta possuem uma riqueza inestimável: os conhecimentos passados de geração a geração sobre o uso dos recursos naturais da região. Isso tem estimulado os cientistas a buscar os conhecimentos desses povos para desenvolver pesquisas diversas. Muitos vão à Amazônia, por exemplo, em busca de plantas que possam ser utilizadas na fabricação de medicamentos.

20 cm

A maior bacia hidrográfica do mundo, a bacia Amazônica, está localizada nesse bioma. Na fotografia, rio Amazonas e trecho de floresta Amazônica ao fundo.

Numerosos recursos naturais são encontrados nesse bioma, como frutos, madeira, borracha, peixes, minérios e água. Na fotografia, fruto de cupuaçu, planta típica amazônica.

Algumas ameaças à floresta Amazônica

Animais são retirados da floresta para serem vendidos de forma ilegal. Muitos não resistem e morrem, sem chegar ao seu destino.

A castanheira-do-pará é uma árvore nativa da Amazônia ameaçada de extinção. Muitas castanheiras são derrubadas para dar lugar à construção de estradas ou à criação de gado.

Maritacas maracanã em cativeiro para tratamento. As aves sofreram maus-tratos devido ao comércio ilegal.

Os frutos da castanheira são ricos em nutrientes e, se consumidos de forma adequada, ajudam a prevenir doenças.

Você sabia?

O besouro maior do que uma mão

O maior besouro do mundo, o *Titanus giganteus*, alimenta-se de material orgânico em decomposição na floresta. Com 20 centímetros de comprimento, é maior do que a mão de um homem adulto.

Especial – Almanaque da selva. *Veja*. Disponível em: <http://veja.abril.com.br/especiais/amazonia/p_088.html>. Acesso em: março de 2015.

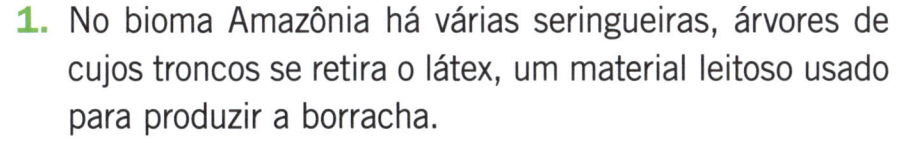

1. No bioma Amazônia há várias seringueiras, árvores de cujos troncos se retira o látex, um material leitoso usado para produzir a borracha.

    - Converse com os colegas sobre as vantagens da exploração planejada dos recursos naturais para as pessoas e para o ambiente.

    ORAL

Atualmente, a maior parte das seringueiras, árvore típica da região amazônica, é explorada de forma a não prejudicar a floresta.

Cerrado

O Cerrado é o segundo maior bioma brasileiro e ocupa a parte central do Brasil, estendendo-se por vários estados.

Há grande biodiversidade no Cerrado, incluindo várias espécies de mamíferos, répteis, aves, invertebrados e microrganismos.

Biodiversidade: variedade de seres vivos que habitam determinado lugar.

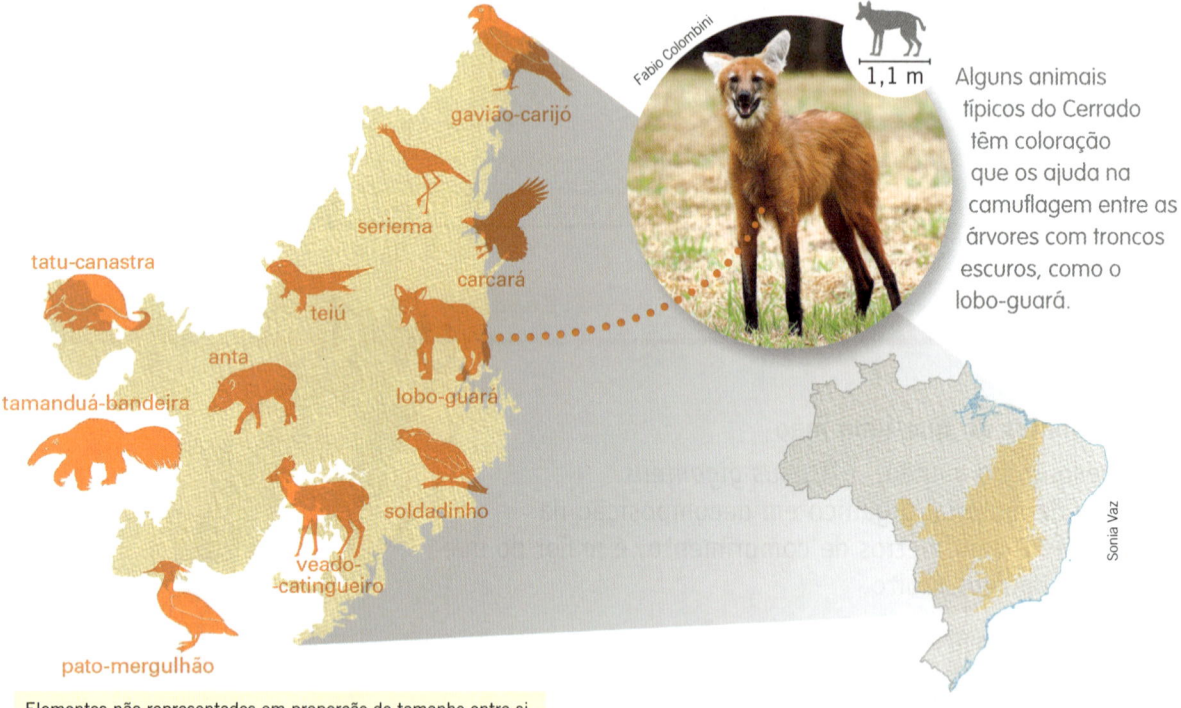

Alguns animais típicos do Cerrado têm coloração que os ajuda na camuflagem entre as árvores com troncos escuros, como o lobo-guará.

Elementos não representados em proporção de tamanho entre si.

Você sabia?
No Cerrado há três bacias hidrográficas principais: a do rio Tocantins, a do rio São Francisco e a da Prata.

A vegetação do Cerrado difere de uma região para outra. Em alguns lugares predominam árvores altas e próximas umas às outras; em outros, predominam arbustos e árvores menores. No geral, as árvores têm troncos retorcidos por causa das frequentes queimadas que acontecem nesse bioma. Algumas queimadas são naturais, outras são provocadas pelos seres humanos.

O rio Tocantins é o segundo maior rio totalmente brasileiro (o primeiro é o rio São Francisco).

Algumas ameaças ao Cerrado

A exploração mineral é uma das atividades humanas que prejudica o Cerrado. Os garimpos causam erosão e poluem os rios e o solo.

A expansão da agricultura e da pecuária também é uma ameaça ao Cerrado. Parte considerável da vegetação natural desse bioma foi derrubada ou queimada para dar lugar às plantas cultivadas e ao pasto.

Na fotografia, área de exploração mineral no bioma Cerrado. Município de Minaçu, GO, 2012.

Na fotografia de 2011, plantação de soja em Rondonópolis, MT.

1. Observe a tirinha e responda à questão no caderno.

Chico Bento, de Mauricio de Sousa.

- Qual é o problema ambiental retratado na tirinha? Cite duas razões por que esse problema acontece.

Mata Atlântica

A Mata Atlântica é o bioma que, originalmente, ocupava uma grande faixa do litoral até parte do interior, desde o Nordeste até o Sul do Brasil.

O mico-leão-dourado alimenta-se de frutos, flores, néctar, insetos, pequenos vertebrados e ovos roubados de ninhos de aves. Esse animal é o símbolo da preservação da Mata Atlântica.

60 cm

Elementos não representados em proporção de tamanho entre si.

Algumas ameaças à Mata Atlântica

Áreas onde originalmente se encontrava a Mata Atlântica foram gradativamente devastadas para dar lugar ao crescimento urbano e tornaram-se regiões de grande concentração populacional, com grandes cidades e indústrias.

Na fotografia de 2013, cidade de Osasco, SP.

Na Mata Atlântica há uma variedade de plantas frutíferas que servem de alimento a vários animais. Na fotografia, fruto da pindaíba, típico da Mata Atlântica e muito saboroso.
Nesse bioma encontra-se uma das maiores biodiversidades do planeta, marcada por uma variedade de espécies de árvores, orquídeas, bromélias, samambaias, invertebrados, aves e vários outros animais.

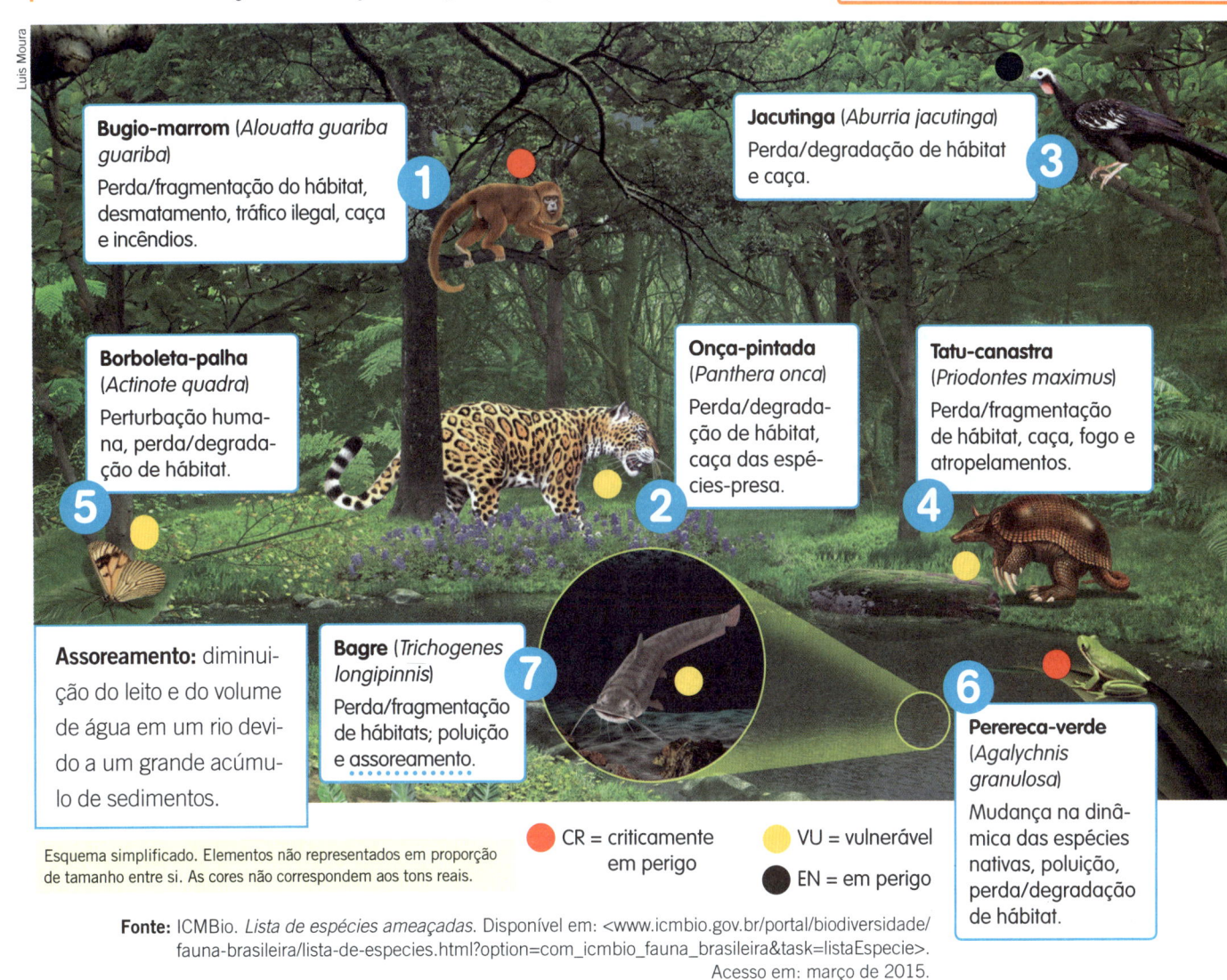

Fatores de ameaça de extinção a algumas espécies da Mata Atlântica

1. Bugio-marrom (*Alouatta guariba guariba*)
Perda/fragmentação do hábitat, desmatamento, tráfico ilegal, caça e incêndios.

2. Onça-pintada (*Panthera onca*)
Perda/degradação de hábitat, caça das espécies-presa.

3. Jacutinga (*Aburria jacutinga*)
Perda/degradação de hábitat e caça.

4. Tatu-canastra (*Priodontes maximus*)
Perda/fragmentação de hábitat, caça, fogo e atropelamentos.

5. Borboleta-palha (*Actinote quadra*)
Perturbação humana, perda/degradação de hábitat.

6. Perereca-verde (*Agalychnis granulosa*)
Mudança na dinâmica das espécies nativas, poluição, perda/degradação de hábitat.

7. Bagre (*Trichogenes longipinnis*)
Perda/fragmentação de hábitats; poluição e assoreamento.

Assoreamento: diminuição do leito e do volume de água em um rio devido a um grande acúmulo de sedimentos.

● CR = criticamente em perigo
● VU = vulnerável
● EN = em perigo

Esquema simplificado. Elementos não representados em proporção de tamanho entre si. As cores não correspondem aos tons reais.

Fonte: ICMBio. *Lista de espécies ameaçadas.* Disponível em: <www.icmbio.gov.br/portal/biodiversidade/fauna-brasileira/lista-de-especies.html?option=com_icmbio_fauna_brasileira&task=listaEspecie>. Acesso em: março de 2015.

1. Quais fatores que ameaçam de extinção os animais acima podem ser naturais e quais podem ser causados pela ação humana? Quais ocorrem mais? **ORAL**

- No caderno, escrevam uma legenda para a imagem acima, que relaciona os fatores de ameaça à extinção das espécies na Mata Atlântica.

Caatinga

A Caatinga ocorre em grande parte dos estados do Nordeste brasileiro e no Norte de Minas Gerais. A região ocupada por esse bioma caracteriza-se pelo clima semiárido, que é marcado por temperaturas elevadas e pouca chuva na maior parte do ano.

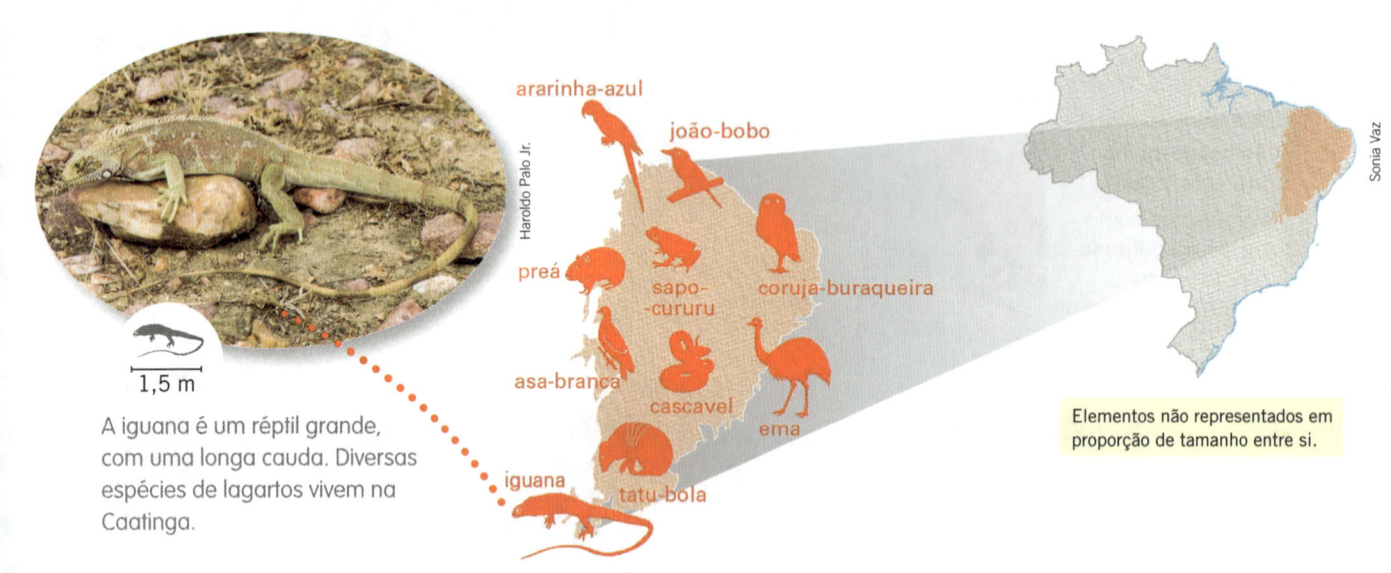

A iguana é um réptil grande, com uma longa cauda. Diversas espécies de lagartos vivem na Caatinga.

Elementos não representados em proporção de tamanho entre si.

Você sabia?

Os seres vivos da Caatinga apresentam adaptações interessantes às condições climáticas severas e à escassez de água. Muitos animais só saem da toca à noite, quando a temperatura é mais amena. Algumas plantas possuem raízes muito profundas, que alcançam a água do subsolo; outras perdem as folhas na época da seca e ainda há as que apresentam folhas modificadas em espinhos: essas duas últimas adaptações diminuem a perda de água por transpiração.

A árvore barriguda armazena água em seu caule durante a época das chuvas.

Por causa das raras chuvas, a vegetação da Caatinga adquire um aspecto ressecado e sem vida, como nesta fotografia feita no Ceará. No idioma tupi, Caatinga quer dizer "mato esbranquiçado", referência à coloração cinzenta ou esbranquiçada da vegetação durante a época de seca.

No período das chuvas tudo se transforma e as plantas voltam a brotar e produzir folhas e flores. Na fotografia, cacto mandacaru, 2012.

Algumas ameaças à Caatinga

A Caatinga vem sofrendo com técnicas inadequadas de agricultura e pecuária, que prejudicam o solo e poluem a água dos rios.

Diversos animais da Caatinga são vítimas do tráfico ilegal. Alguns são capturados para o comércio clandestino de peles.

O esgotamento do solo poderia ser evitado por meio de técnicas adequadas de cultivo. Na fotografia, propriedade rural em Carnaúba dos Dantas, RN, 2012.

Peles de animais (gatos-do-mato, guaxinim e jiboias) apreendidas em Caraúbas, RN.

1. Faça uma pesquisa (em livros e na internet) sobre o clima semiárido e a importância do rio São Francisco e do rio Parnaíba. Com as informações que você descobrir, escreva um pequeno texto dando sua opinião sobre a importância da preservação desses rios para o povo da região. Registre as informações no caderno.

Cânion do rio São Francisco, em Alagoas. Fotografia de 2013.

Pantanal

O Pantanal encontra-se na região Centro-Oeste do Brasil e estende-se por áreas de países vizinhos: Bolívia e Paraguai. Esse bioma está localizado em uma grande planície com muitos rios e, na época das chuvas, essa planície é alagada.

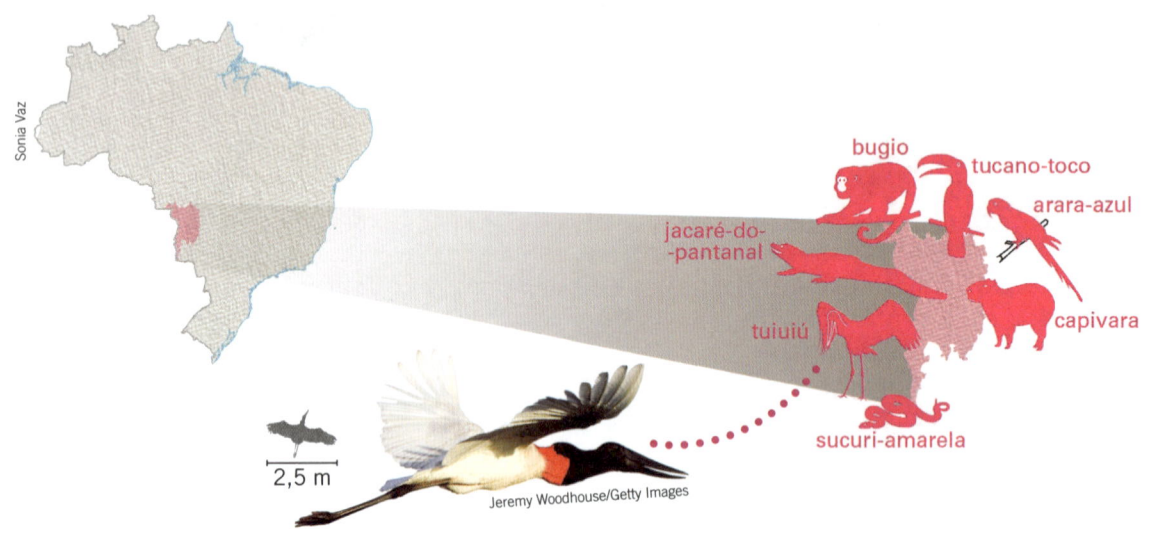

2,5 m

A fauna e a flora do Pantanal são ricas e variadas. Diversos peixes, répteis, aves e mamíferos habitam esse bioma. O tuiuiú (ou jaburu) é a ave-símbolo do Pantanal.

Elementos não representados em proporção de tamanho entre si.

Você sabia?

Os rios pantaneiros são conhecidos pela riqueza em espécies de peixes.
Jaú, pintado, dourado e pacu são alguns peixes encontrados nessa região.

Na fotografia, peixes piraputangas no rio Formoso, em Bonito (MS).

Paisagem do Pantanal na época das chuvas, chamada de época das cheias. Quando o nível dos rios volta a baixar, uma camada de nutrientes é depositada sobre o solo, fertilizando-o.

Algumas ameaças ao Pantanal

A pesca e a caça ilegais representam grande ameaça ao Pantanal. Peixes e outros animais são muitas vezes capturados por mero "esporte".

Muitos animais são vendidos ilegalmente para colecionadores, criadores e pesquisadores estrangeiros.

A pecuária não sustentável, a cultura da cana-de-açúcar, do milho e da soja e a contaminação de solos e dos recursos hídricos com produtos agrícolas ameaçam o equilíbrio do Pantanal.

Na fotografia de 2013, monocultura de milho em Sidrolândia (MS).

1. Observe a fotografia.

- NÃO TIRAR NADA ALÉM DE FOTOS
- NÃO DEIXAR NADA ALÉM DE PEGADAS
- NÃO MATAR NADA ALÉM DE TEMPO
- NÃO LEVAR NADA ALÉM DE SAUDADES.

a) A placa mostra o lema do ecoturismo. Explique o que você entendeu dessas orientações. **ORAL**

b) Atualmente, o ecoturismo vem crescendo no Pantanal. Pesquise em revistas, jornais e na internet quais são as vantagens e desvantagens desse tipo de atividade econômica. Registre o resultado em uma folha à parte.

Pampa

O Pampa, também chamado de Campos, é o bioma típico do Sul do país, estendendo-se para além das fronteiras com o Uruguai e com a Argentina. Nesse bioma predominam plantas rasteiras como as gramíneas. Em alguns pontos também podem ser encontrados arbustos e árvores.

O tuco-tuco é um roedor encontrado no Pampa.

25 cm

raposa-do-campo
tuco-tuco
pica-pau--do-campo
quero-quero
gato-dos--pampas
marreco

Elementos não representados em proporção de tamanho entre si.

Algumas ameaças ao Pampa

A derrubada de árvores para exploração de madeira prejudica o Pampa. Grandes matas formadas por araucárias – árvores típicas desse bioma – e outras árvores de madeira nobre foram devastadas. Atualmente restam cerca de 2% da quantidade original dessas árvores.

A atividade agrícola tem prejudicado esse bioma, pois tem causado empobrecimento e erosão do solo. A criação de gado e ovelhas também coopera para a degradação do solo.

1. Leia o texto. Depois, faça o que se pede no caderno.

Os banhados

Próximo ao litoral, a paisagem é marcada pela presença de banhados, ambientes alagados onde aparecem plantas como juncos, gravatás e aguapés. Quando há uma seca, o banhado fornece água para as lagoas e, quando há cheia, a retém. Além disso, são regiões ricas em matéria orgânica, em decorrência da decomposição de juncos e gramíneas. Isso explica a biodiversidade bastante rica dos banhados, com inúmeros peixes, aves, alguns roedores como a capivara e o ratão-do-banhado, bem como o jacaré-do-papo-amarelo, lontras, entre outros animais.

- Elabore uma cadeia alimentar desse ecossistema.

Araucárias centenárias foram derrubadas para obtenção de madeira.

Em alguns lugares, o solo fica tão desgastado que nenhuma planta consegue se desenvolver.

Pampa é uma palavra de origem indígena que quer dizer "região plana". Nesse bioma, a maior parte da paisagem é homogênea e plana, assemelhando-se a um imenso tapete verde. As planícies são predominantes, mas há algumas colinas, que são chamadas de "coxilhas". As chuvas ocorrem regularmente durante todo o ano nesse bioma e a temperatura pode ficar muito baixa em alguns meses, podendo gear nos dias mais frios do inverno.

Atividades

1. Observe o mapa de biomas da página 156 e responda às questões.

    a) Qual bioma ocupa a maior parte do Brasil?

    _____

    b) Qual bioma predominava no estado onde você mora?

    _____

2. Complete o quadro adequadamente.

Biomas brasileiros		
	Principais características	Principais impactos ambientais
Amazônia		
Cerrado		
Mata Atlântica		
Caatinga		
Pantanal		
Pampa		

3. Observe a cadeia alimentar que pode ser encontrada em um rio do Pantanal (não foram representados os decompositores).

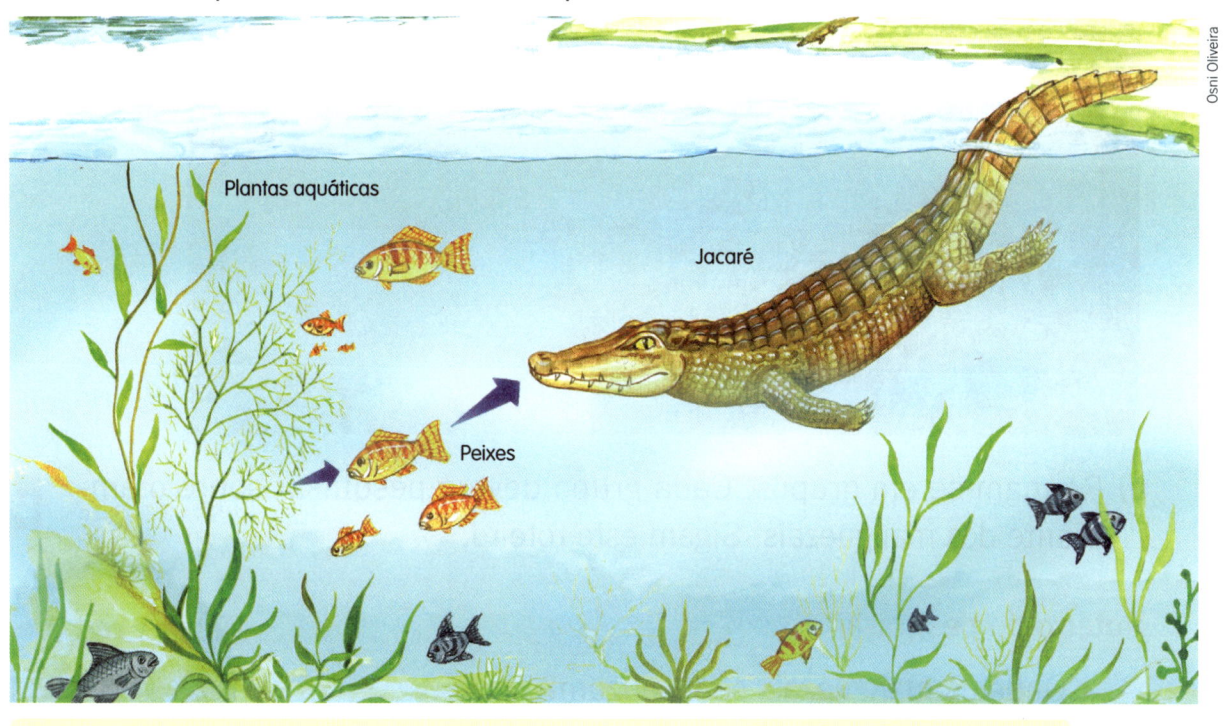

Esquema simplificado. Elementos não representados em proporção de tamanho entre si. As cores não correspondem aos tons reais.

a) Quais são os produtores e os consumidores dessa cadeia alimentar?

_____

_____

b) O que aconteceria com essa cadeia alimentar se os peixes desaparecessem?

_____

_____

c) A caça de jacarés poderia causar desequilíbrio nessa cadeia? Explique.

_____

_____

_____

d) Cite um exemplo de como o ser humano pode ajudar a manter o equilíbrio das cadeias alimentares no Pantanal.

_____

_____

171

4. Além dos biomas abordados nesta unidade, há outros ambientes relacionados ao litoral, como os **manguezais**.

Manguezal em Porto de Pedras, AL, 2013.

a) Reúnam-se em grupos. Cada grupo deverá pesquisar sobre o ambiente dos manguezais. Sigam este roteiro.

GRUPO

Roteiro de pesquisa

- Onde os manguezais se localizam?

_____

_____

- Quais são as principais características dos manguezais?

_____

_____

- Quais são as plantas e os animais típicos dos manguezais?

_____

_____

- Qual é a importância dos manguezais para o ser humano e os demais seres vivos?

_____

_____

- Que ações estão sendo feitas para preservar os manguezais?

_____

_____

b) Agora produzam um texto com as informações obtidas na pesquisa. Utilizem uma folha à parte.

c) Em sala de aula, troquem informações com os demais grupos, discutindo sobre as descobertas realizadas.

5. Relacione os animais aos biomas brasileiros onde eles são encontrados.

Amazônia	mico-leão-dourado muriqui-do-norte quati
Mata Atlântica	raposa-do-campo quero-quero marreco
Cerrado	arara-azul tuiuiú capivara
Pantanal	ararinha-azul preá tatu-bola
Caatinga	arara-canindé jacaretinga ariranha
Pampa	carcará seriema tamanduá-bandeira

Ampliando horizontes...

livros

Pantanal... Terra Natal, de Vera Ribeiro, Cia. dos Baixinhos.
As riquezas do Pantanal são mostradas em versos e rimas.

Os encantos da Amazônia, de Luciana Garcia, Prumo.
Uma divertida turma conta como a Amazônia é um lugar encantador, repleto de aves, macacos, rios e muito verde. Além disso, conta os mistérios das lendas e dos fantásticos relatos indígenas.

site

Jogo sobre a Mata Atlântica, disponível em: <http://mataatlantica.wwf.org.br/mataemjogo/#/quiz>. Acesso em: março de 2015.
Teste o seu conhecimento sobre a Mata Atlântica!

rede de ideias

Arte e ambiente

Observe as imagens.

1

2

Oliveiras com o céu amarelo e o Sol, do pintor holandês Vincent Van Gogh, 1889. Óleo sobre tela, Instituto de Arte de Minneapolis (MIA), Minneapolis, EUA (imagem **1**), e releitura da obra feita pelo pesquisador britânico Iain Woodhouse, 2012-2013. Manipulação digital a partir de *software* de edição de imagens (imagem **2**).

60 cm

Micos-leões montados com peças de plástico (imagem **3**) e árvore com serpentes (imagem **4**), no zoológico Hogle, nos Estados Unidos. O artista Sean Kenney usou mais de 125 mil peças de brinquedo para construir cerca de 30 animais, em exposição que tinha o objetivo de alertar as pessoas sobre a perda de hábitats naturais.

80 cm

175

1 Observe as imagens das páginas 174 e 175. Que relação pode ser feita entre a imagem **2** e as imagens **3** e **4**?

_____
_____
_____
_____

2 Diversos biomas estão ameaçados por causa da exploração excessiva dos recursos naturais.

a) Como a redução das florestas pode interferir no aquecimento global?

_____
_____

b) O que o ser humano tem feito para preservar as florestas?

_____
_____

3 O desenvolvimento das indústrias e o avanço da tecnologia foram responsáveis por muitas mudanças na sociedade. Alguns dos avanços tecnológicos conferiram mais conforto à nossa vida. Por outro lado, exigiram maior exploração dos recursos naturais.

- Relacione o avanço da industrialização e o desenvolvimento da sociedade com a redução da biodiversidade e as mudanças climáticas. **ORAL**

4 Escolham entre uma obra de arte que retrate alguma paisagem natural e um animal que esteja ameaçado de extinção no Brasil. **GRUPO**

- O grupo que escolher a obra de arte fará um desenho com base nela, mostrando como o cenário poderia ser modificado pelas atividades humanas. O outro grupo fará uma escultura do animal em extinção escolhido, usando material reciclável, como garrafas PET, tampinhas de garrafa etc.

- Façam cartazes explicativos para serem apresentados com o trabalho, em data marcada pelo professor.

Ligados.com Ciências 4

Maíra Rosa Carnevalle

Material Complementar

Editora Saraiva

Unidade 4 – página 86 – atividade 2

Sistema cardiovascular	
Sangue	
Coração	
Vasos sanguíneos	

Unidade 5 – página 97 – Gente que faz!

Material	Hipótese: afunda ou flutua	Resultado: afunda ou flutua
Laranja		
Maçã		
Kiwi		
Clipes de metal		
Pedaços de isopor		
Borracha grande		
Lápis		

Unidade 7 – página 148 – atividade 1

	O que é?	Por que acontece?
Esgotamento do solo		
Erosão do solo		

Unidade 5 – página 111 – atividade 4

História do pão no Brasil

Pesquisador: _____

Antes de conhecer o pão, o que os brasileiros costumavam consumir no seu lugar?

_____
_____
_____
_____
_____
_____

Como o pão chegou ao Brasil?

_____
_____
_____
_____
_____
_____
_____
_____

Unidade 3 – página 67 – atividade 5

Sistema respiratório

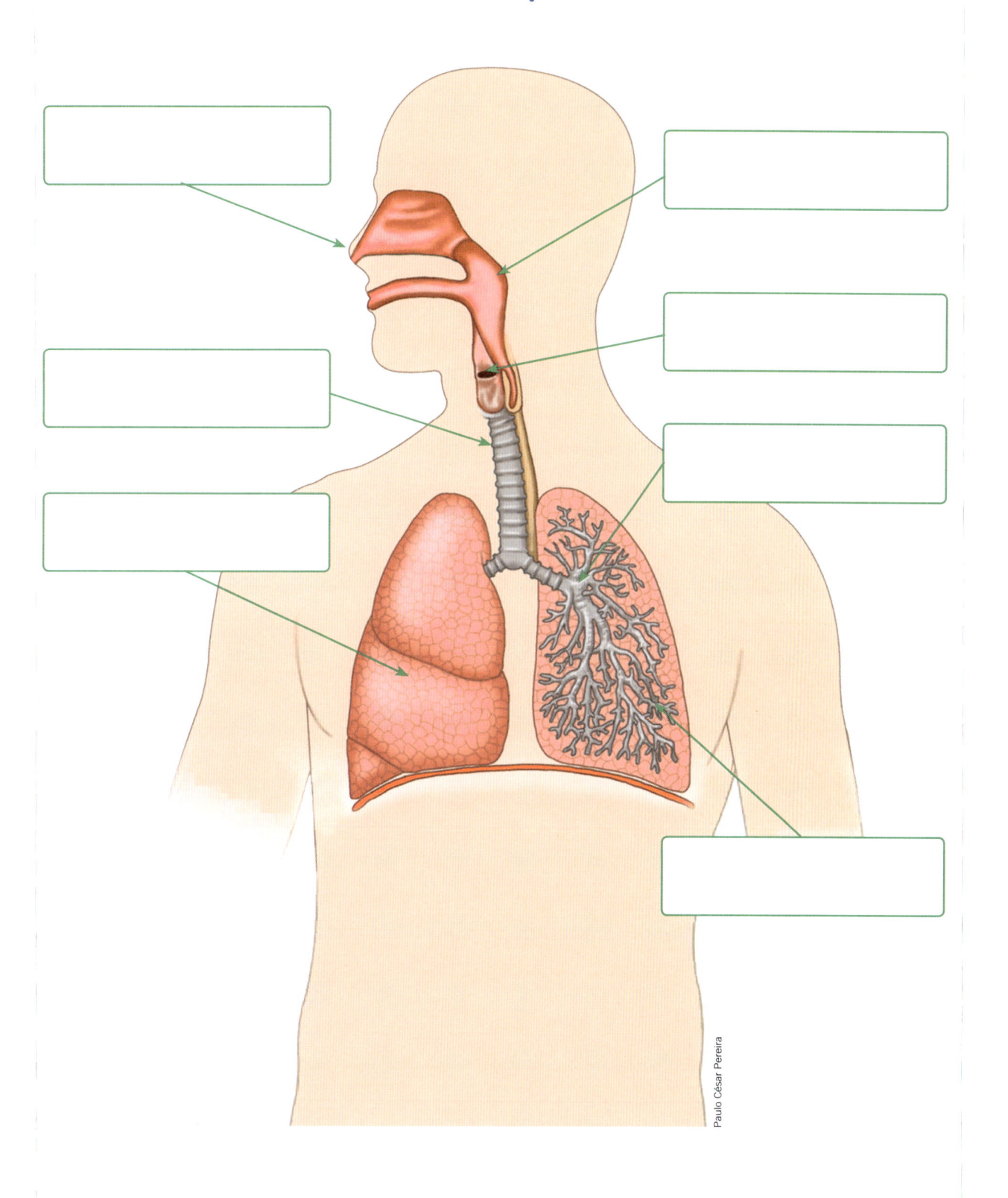

Unidade 3 – página 59 – Gente que faz!

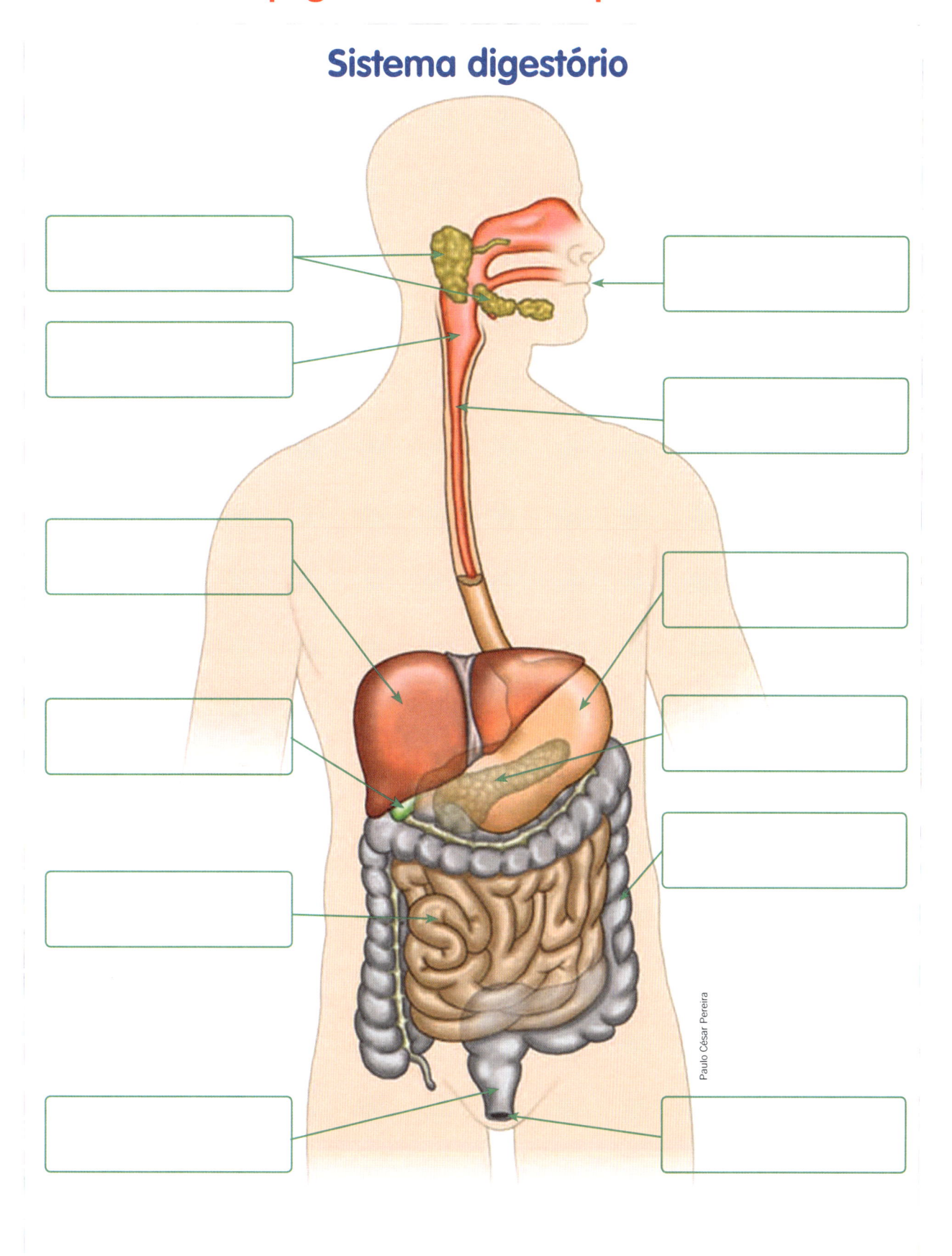

Sistema digestório

Unidade 2 – página 44 – atividade 3

Plantas

Fungos e bactérias do solo

Capivara

Capivara

Onça-pintada

Harpia

Jiboia

Sabiá

Onça-pintada

Gafanhoto

Rã

Plantas

Fungos e bactérias do solo

11

Unidade 1 – página 23 – Gente que faz!

Ervilha		
Número da vagem	Comprimento (em cm)	Quantidade de sementes
1		
2		
3		
4		
5		
6		
7		
8		
9		
10		

Amendoim		
Número da vagem	Comprimento (em cm)	Quantidade de sementes
1		
2		
3		
4		
5		
6		
7		
8		
9		
10		

Unidade 1 – página 17 – Gente que faz!

Pote	Luz	Água	Resultados
1	Local iluminado	Regado periodicamente	
2	Local escuro	Regado periodicamente	
3	Local iluminado	Água com adubo	
4	Local iluminado	Sem água	

15

Ligados.com Ciências

Adesivos

■ Unidade 6 – página 130 – atividade 2

A

Após alguns minutos, o frio do gelo passa para o suco, resfriando-o.

B

Após alguns minutos, o frio do ar passa para a sopa, resfriando-a.

■ Unidade 6 – página 121 – atividade 2

2 m

Unidade 5 – página 93 – atividade 1

Batom.    Guarda-chuva de náilon.    Sola de sapato.    Lixa de unha.

Unidade 4 – página 83 – atividade 1

Órgãos   Tecidos   Sistemas   Células

Unidade 2 – página 32 – atividade 1

1 m   4 cm   10 m

25 cm    1,3 m